Das
Kleinkind

10 Monate

24 Monate

36 Monate

Joe Borgenicht und Lynn Rosen

Das
Kleinkind

SERVICEPAKET 1: LERN- UND FÖRDERSPIELE

Illustriert von Paul Kepple und Jude Buffum

Aus dem Amerikanischen von Angelika Feilhauer

SANSSOUCI

Die Originalausgabe erschien 2006 erstmals in den USA unter dem
Titel *The Baby Owner's Games and Activities Book* bei Quirk Books, Philadelphia.

Wichtiger Hinweis
Die Spielanleitungen in diesem Buch wurden von den
Autoren und vom Verlag mit größter Sorgfalt erarbeitet
und geprüft. Eine Haftung der Verfasser bzw. des
Verlags und seiner Beauftragten für Personen-,
Sach- oder Vermögensschäden ist ausgeschlossen.

Unser gesamtes lieferbares Programm und viele
weitere Informationen finden Sie unter
www.sanssouci-verlag.de

1 2 3 4 5   10 09 08 07 06

ISBN-10: 3-7254-1421-1
ISBN-13: 978-3-7254-1421-5
© 2006 by Quirk Productions, Inc.
© für die Illustrationen: 2006 by Headcase Design
© für die deutschsprachige Ausgabe
Sanssouci im Carl Hanser Verlag, München 2006
Alle Rechte vorbehalten
Umschlaggestaltung: Nani Alisa Sieber, München,
unter Verwendung von Illustrationen von Headcase Design
Satz: Filmsatz Schröter, München
Druck und Bindung: Kösel, Krugzell
Printed in Germany

Inhalt

Herzlichen Glückwunsch zur Geburt Ihres Kindes!

Ihr Nachwuchs weist sicherlich überraschende Übereinstimmungen mit anderen Geräten in Ihrem Haushalt auf. Wie ein Computer braucht auch das Kleinkind eine Energieversorgung zur Ausführung seiner vielfältigen komplexen Aufgaben und Funktionen. Wie bei einem Videorecorder muss der Kopf Ihres Modells regelmäßig gereinigt werden, damit er optimal funktioniert. Und wie ein Auto wird das Kind möglicherweise unangenehme Abgase in die Umwelt ausstoßen.

Vermutlich haben Sie sich mittlerweile mit den zahlreichen Funktionen Ihres Kindes vertraut gemacht. Diese Phase des Kennenlernens wird andauern, da sich Ihr Modell kontinuierlich weiterentwickelt und ständig neue Software installiert.

Dieses Benutzerhandbuch wird Ihnen dabei helfen, Ihr Modell bei der Erweiterung und Verbesserung seiner Fähigkeiten zu unterstützen. *Das Kleinkind* enthält 75 altersgemäße Spiele, die User und Modell gemeinsam ausführen können und die alle für die Weiterentwicklung des Kindes hilfreich sind.

Das Buch besteht aus drei Teilen, die jeweils ein Betriebsjahr abdecken. Betrachten Sie die dort beschriebenen Aktivitäten als Bestandteil der notwendigen Wartungs- und Instandhaltungsmaßnahmen an Ihrer Einheit, für die Sie verantwortlich sind. Regelmäßige Nutzung und Bedienung des Modells tragen dazu bei, dass alle seine Teile optimal funktionieren.

Durch Ausführen der Spielvorschläge in diesem Buch wird der Kleinkind-User ein profundes Verständnis für die zahlreichen, miteinander verknüpften Funktionen erhalten, die dem Modell zur Verfügung stehen. Die Aktivitäten werden eine ordnungsgemäße Entwicklung Ihres Kindes sicherstellen. Zudem garantieren sie Modell und Besitzer viele anregende Stunden.

Teil 1

Dieser Teil des Benutzerhandbuches enthält Aktivitäten für User und Modell, die vom Zeitpunkt der Lieferung des Kindes (0 Jahre) bis zum 12. Betriebsmonat ausgeführt werden können.

Während dieses ersten Jahres wird Ihr Modell einige der folgenden Entwicklungsschritte durchlaufen:

■ Die optischen Sensoren stellen sich auf größere Entfernungen ein; die akustischen Sensoren reagieren auf mehr Geräusche.

■ Die Greifwerkzeuge werden in die Lage versetzt, Objekte aufzuheben und kleine Gegenstände zu handhaben.

■ Das Modell lernt, den Kopf selbständig zu halten, sich aufzusetzen, zu krabbeln und vielleicht den Laufmodus zu aktivieren.

■ Der erste feste Kraftstoff wird aufgenommen.

Jedes Spiel in diesem Teil des Handbuches ist einem oder mehreren dieser Entwicklungsschritte förderlich. User können jede beliebige Aktivität auswählen, ohne sich an die vorgegebene Reihenfolge halten zu müssen. Es wird jedoch empfohlen, alle Spiele auszuprobieren, da jedes auf andere Weise zur Weiterentwicklung des Modells beiträgt. Testen Sie alle Aktivitäten, wählen Sie Favoriten aus und wiederholen Sie diese so oft wie gewünscht.

Nach dem 12. Betriebsmonat des Modells empfiehlt es sich, zum nächsten Teil des Handbuches überzugehen. Die im ersten Teil enthaltenen Aktivitäten können aber weiterhin durchgeführt werden, solange das Modell Interesse an ihnen zeigt.

BABYBLUES

HINTERGRUND

Es ist nie zu früh, die akustischen Sensoren Ihres Modells mit Musik zu beschallen. In Kombination mit Bewegung wird das Modell dadurch beruhigt und getröstet.

ERFORDERLICHE HILFSMITTEL

Musikabspielgerät und Tonträger (Abb. A).

ABLAUF

- Der User aktiviert Musik, während er das Modell hält (Abb. B). Bewegen Sie Ihren Körper entweder im Stand langsam zum Rhythmus der Musik nach rechts und nach links oder bewegen Sie sich wiegend schrittweise durch den Raum. Sie können das Modell im Arm halten, vielleicht ziehen Sie es aber auch vor, es aufrecht in den Armen, den Kopf an Ihrer Schulter, zu halten oder es auf Ihre Arme zu legen, wobei Sie seinen Kopf mit Händen oder Armen abstützen (Abb. C). Fahren Sie mit dem Wiege- und/oder Schrittmuster fort, um dem Modell ein Gefühl des kontinuierlichen Schwebens zu vermitteln.

VARIANTE

Schaukeln Sie Ihr Kind sanft zu Musik, während es in der Wiege liegt. Untermalen Sie andere Arten der Fortbewegung mit Musik, etwa wenn Sie Ihr Modell im Kinderwagen oder im Auto transportieren.

ACHTUNG

Die Muskeln Ihres Modells, vor allem die Nackenmuskeln, sind schnellen Bewegungen noch nicht angepasst. Bewegen Sie sich daher langsam und sanft, und stützen Sie stets Kopf und Nacken des Kindes.

(Abb. A)

(Abb. B)

(Abb. C)

Rhythmische Bewegungen und Musik
beruhigen und stimulieren das Modell.

MOBILE-WATCHING

HINTERGRUND

Trainieren der optischen Sensoren. Die optischen Sensoren Ihres Modells haben im Moment noch eine begrenzte Reichweite, reagieren aber auf kontrastreiche Schwarz-Weiß-Muster. Und obwohl Ihr Modell bisher auch nur begrenzte Kontrolle über seine Greifwerkzeuge hat, wird es versuchen, sie zu testen.

ERFORDERLICHE HILFSMITTEL

Mobile mit herabbaumelnden grafischen Figuren oder einzelne Spielzeuge mit ähnlichen Mustern.

ABLAUF

■ Installieren Sie das Mobile über dem Bettchen des Modells, oder legen Sie das Modell auf einer Decke auf den Fußboden und halten Sie das Mobile/Spielzeug über das Modell. Achten Sie darauf, dass sich das Mobile/Spielzeug in etwa 45 cm Höhe über den optischen Sensoren des Modells befindet, da sein Fern-Seh-Programm noch nicht aktiviert ist. Stoßen Sie die Objekte an oder schütteln Sie sie, so dass sie sich langsam vor dem Modell hin und her bewegen. Das Modell wird die sich drehenden Objekte genau beobachten und vielleicht versuchen, die Hand nach ihnen auszustrecken.

VARIANTE

Befestigen Sie nahe beim Bettchen des Modells in Augenhöhe Schwarz-Weiß-Bilder, so dass es diese bei Bedarf sehen kann.

ACHTUNG

Lassen Sie nie Spielzeug mit Schnüren in Reichweite des unbeaufsichtigten Modells zurück.

STIMMMUSTERERKENNUNG

HINTERGRUND

Trainieren der akustischen Sensoren. Nachdem das Modell während der Produktionszeit neun Monate die Stimme seiner Userin gehört hat, wird es seinen Kopf nach ihr ausrichten. Neu gelieferte Modelle bevorzugen meist sanfte, hohe (d. h. weibliche) Laute. Die folgende Aktivität fördert die Fähigkeit zur Stimmerkennung.

ERFORDERLICHE HILFSMITTEL

Stimme der Userin.

ABLAUF

■ Gehen Sie in den Raum, in dem sich das Modell befindet. Sprechen Sie das Modell an, ehe seine optischen Sensoren Ihre Anwesenheit erfassen. Rufen Sie seinen Namen oder sagen Sie mit singender Stimme Sätze wie „Mami ist da!" oder „Hallo, Liebling".

■ Nachdem das Modell Ihren Standort lokalisiert hat, bewegen Sie sich aus seinem Gesichtsfeld heraus, rufen nach ihm und tauchen dann plötzlich wieder auf. Sie sollten aber immer nur wenige Sekunden verschwinden.

■ **ANMERKUNG:** In den ersten Tagen nach der Lieferung werden die optischen Sensoren Ihres Modells die meiste Zeit geschlossen sein. Dies ist eine wunderbare Gelegenheit, das Stimmerkennungsprogramm zu testen. Die Userin sollte in dieser Zeit in unmittelbarer Nähe des Modells bleiben und es im Idealfall in den Armen wiegen, während sie mit ihm spricht oder ihm vorsingt.

ACHTUNG Sollte das Modell längere Zeit nicht auf Geräusche reagieren, kontaktieren Sie bitte umgehend Ihren Service-Provider.

BABYYOGA

HINTERGRUND

Verbesserung der Beweglichkeit. Ideal für neuere Modelle, die dadurch nach den beengteren Bedingungen während der Produktion die Gliedmaßen dehnen können. Bei älteren Modellen fördern diese Übungen Körperbewusstsein und Gleichgewichtssinn.

ERFORDERLICHE HILFSMITTEL

Weiche Matte, Handtuch oder Decke.

ABLAUF

- Neuere Modelle (0–6 Monate) werden mit dem Gesicht nach oben auf die Unterlage gelegt. Ziehen Sie behutsam ein Bein gerade, bis es gestreckt ist. Wiederholen Sie dies mit dem zweiten Bein, dann nacheinander mit beiden Armen. Heben Sie die gestreckten Gliedmaßen an. Rollen Sie das Modell mit gestreckten Beinen und den Armen seitlich am Körper behutsam von einer Seite auf die andere. Stellen Sie das Modell aufrecht auf die Füße. Legen Sie es wieder hin, nehmen Sie seine Füße und beugen Sie seine Knie. Rollen Sie es in dieser Position von einer Seite zur anderen.

- Ältere Modelle (7–12 Monate) werden auf den Bauch gedreht, den Kopf zur Seite gewandt. Heben Sie einen Fuß an und beugen Sie das Knie des Modells sanft. Heben Sie das Modell an den Hüften hoch, so dass sich das Gesäß in der Luft befindet und das Modell wie ein umgedrehtes V aussieht, wobei Hände und Füße am Boden bleiben. Ältere Modelle können sich selbst in dieser Position halten und lernen dabei, wie sie sich in den Stand bewegen können.

VARIANTE

Ältere Modelle können mit leichten Yogaübungen fortfahren. Für weitere Anleitung konsultieren Sie bitte einen Fachmann Ihres Vertrauens.

ACHTUNG Führen Sie alle Bewegungen behutsam aus. Brechen Sie ab, falls Ihr Kind Unbehagen signalisiert.

FOLGE DEM FINGER

HINTERGRUND

Aktivierung und Einstellung der optischen Sensoren. Nach nur einmonatigem Betrieb können die optischen Sensoren Ihres Modells Objekte in 30 cm Entfernung erfassen.

ERFORDERLICHE HILFSMITTEL

Menschliche Hand mit fünf Fingern.

ABLAUF

■ Legen Sie das Modell mit dem Gesicht nach oben auf einen Teppich oder eine Decke. Halten Sie Ihre Hand etwa 30 cm über die optischen Sensoren des Modells. Strecken Sie einen Finger aus und beobachten Sie, ob Ihr Modell darauf reagiert. Bewegen Sie den Finger zur Seite. Wiederholen Sie dies, bis das Modell dem Finger mit den Augen folgt.

■ Wenn das Modell einem einzelnen Finger folgen kann, können Sie weitere Finger einsetzen und die Bewegung verändern. Winken Sie mit allen fünf Fingern gleichzeitig. Ballen Sie die Hand zur Faust und öffnen Sie die Faust wieder. Lassen Sie das Handgelenk kreisen. Bewegen Sie die Hand vom Gesicht des Modells fort, um die Grenzen seines Gesichtsfeldes zu testen. Mit dem Älterwerden wird das Modell Ihre Hand über größere Distanzen verfolgen können.

VARIANTE

Diese Aktivität kann durch den Einsatz von Fingerpuppen variiert werden, siehe Bastelanleitung auf Seite 141.

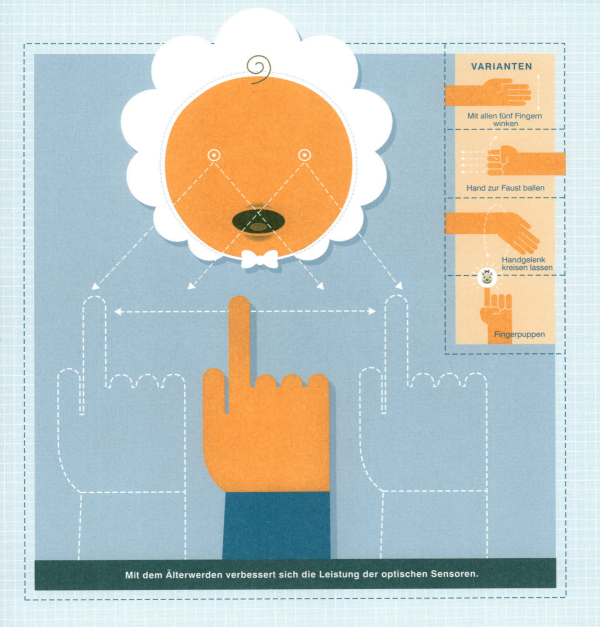

VARIANTEN

Mit allen fünf Fingern winken

Hand zur Faust ballen

Handgelenk kreisen lassen

Fingerpuppen

Mit dem Älterwerden verbessert sich die Leistung der optischen Sensoren.

FLIEGENDES BABY

HINTERGRUND

Diese Aktivität entspannt das Modell, ehe es in den Schlafmodus wechselt, und beruhigt es beim Aussenden von Stimmungsfehlermeldungen. Zudem kräftigt sie die Muskeln, die Kopf (noch unproportioniert groß) und Unterbau des Modells verbinden.

ERFORDERLICHE HILFSMITTEL

Keine.

ABLAUF

- Der User sollte das Modell mit dem so genannten Fußballgriff halten, was bedeutet, dass das Modell mit dem Bauch auf dem ausgestreckten Arm liegt, wobei der Kopf von der Hand des Users gestützt wird. Schaukeln Sie das Modell in dieser Position behutsam wie im Flug von einer Seite zur anderen und vor und zurück, während Sie im Raum umhergehen. Falls gewünscht, können diese Bewegungen mit Triebwerkgeräuschen untermalt werden.

VARIANTE

Nehmen Sie das Modell von hinten aufrecht unter den Armen und lassen Sie es wie ein Pendel hin- und herschwingen. Oder bewegen Sie es in beiden Armen wie auf einer Schaukel.

ACHTUNG Lassen Sie das Modell nicht fallen und stützen Sie seinen Nacken, falls es den Kopf noch nicht selbst halten kann.

BAUCHZEIT

HINTERGRUND

Ihr Modell besitzt ein komplexes System aus Bewegungshelfern, auch Muskeln genannt. Dieses vorinstallierte System ist für das Modell zunächst nicht nutzbar, um unsachgemäßer Handhabung vorzubeugen. Es wird jedoch eine externe Bedienung empfohlen, damit das System funktionstüchtig bleibt und zum richtigen Zeitpunkt einsatzbereit ist. Dieses Spiel hilft die Bewegungshelfer zu trainieren, die den Kopf anheben.

ERFORDERLICHE HILFSMITTEL

Bequemer, ebener Platz auf dem Fußboden.

ABLAUF

■ Verkünden Sie dem Modell fröhlich: „Jetzt ist Bauchzeit!" Legen Sie das Modell mit der Rückseite nach oben an die gewählte Stelle. Beobachten Sie, wie es auf seine neue Position reagiert, und ermuntern Sie es, den Kopf zu heben. Loben Sie es, wenn ihm dies gelingt.

■ Durch häufige Übung und mit zunehmendem Alter wird das Modell seinen Kopf immer höher heben und sich mit den Armen hochdrücken. Die daraus resultierende Muskelentwicklung hilft dem Modell später beim Ausführen der Sitz- und der Stehfunktion.

VARIANTE

Legen Sie das Modell auf verschiedene Unterlagen. Verwenden Sie unterschiedlich strukturierte Matten, Handtücher und Teppiche. Benutzen Sie Decken mit leuchtenden Farben und lebendigen Mustern. Sprechen oder singen Sie oder spielen Sie beruhigende Musik.

ACHTUNG

Mitunter empfinden Kleinkinder in dieser Bauchlage Unbehagen. Sollte Ihr Modell weinen, kürzen Sie den Vorgang ab. Beenden Sie ihn, falls es sehr unglücklich wirkt. Denken Sie auch daran, dass das Modell im Schlafmodus nie auf dem Bauch liegen sollte.

BABYCHAT

HINTERGRUND

Förderung des Sprachgebrauchs. Mit zwei Monaten beginnt Ihr Modell brabbelnde Laute von sich zu geben, bei denen es sich um die ersten Schritte der Sprachrealisierung handelt. Durch Wiederholen dieser Laute kann der User die Entwicklung der Sprechfunktion des Modells unterstützen.

ERFORDERLICHE HILFSMITTEL

Menschliche Stimmbänder.

ABLAUF

■ Hören Sie zu, wenn Ihr Modell Laute von sich gibt. Beginnen Sie mit ihm ein „Gespräch", indem Sie diese Laute wiederholen. Führen Sie nach und nach einfache neue Laute in das Gespräch ein oder machen Sie aus den Lauten ein Lied, das Sie dem Modell vorsingen.

VARIANTE

Es ist wichtig, mit dem Modell auch in Erwachsenensprache zu sprechen, damit es sich an den Klang höher entwickelter Sprache gewöhnt.

SPIEGLEIN, SPIEGLEIN

HINTERGRUND

Ihr Modell besitzt zahlreiche bewegliche Teile, ist sich seiner vollen Oberflächenausdehnung aber weitgehend unbewusst. Diese Aktivität ist eine gute Gelegenheit zu einer Bestandsaufnahme der Zubehörteile.

ERFORDERLICHE HILFSMITTEL

Spiegel.

ABLAUF

■ Positionieren Sie das Modell vor einem Spiegel und helfen Sie ihm, sein Spiegelbild zu entdecken.

■ Nehmen Sie sich Zeit. Lassen Sie das Kind in Ruhe einige Minuten sein Spiegelbild betrachten, damit es begreifen kann, dass es sich selbst aus dem Spiegel anschaut. Sprechen Sie dann mit ihm darüber, was es sieht. So könnten Sie spielerisch fragen: „Was ist das?", während Sie auf Körperteile wie Nase, Mund, Kopf oder Ohren zeigen.

VARIANTE

Zeigen Sie sich neben dem Modell im Spiegel, da es dann leichter begreift, dass es ein Spiegelbild sieht. Halten Sie Ihr Gesicht neben seines und sagen Sie: „Schau, das ist Mami/Papi." Tauchen Sie auf und verschwinden Sie wieder oder schneiden Sie Gesichter und ermuntern Sie das Modell, dies ebenfalls zu tun.

KLATSCHEN UND KLAPPERN

HINTERGRUND

Förderung motorischer Fähigkeiten. Mit 3–6 Monaten beginnt das Modell zu erkennen, dass seine Greifwerkzeuge beweglich sind und zupacken können. Es wird viel Zeit damit verbringen, die Funktionsweise dieser Zubehörteile zu untersuchen. Bei dieser Aktivität demonstriert der User dem Modell sowohl Klatsch- als auch Greiffunktion der Hände.

ERFORDERLICHE HILFSMITTEL

KLATSCHEN: Je ein Satz Hände von Modell und User.

KLAPPERN: Je ein Satz Hände von Modell und User, plus kleine Rasseln, Spielzeuge oder Plüschtiere.

ABLAUF

■ *KLATSCHEN:* Der User sollte das Spiel mit einer Vorführung beginnen. Halten Sie Ihre Hände vor das Modell, klatschen Sie und kommentieren Sie dabei, was Sie tun. Sollte das Kind die Bewegung nicht nachahmen, nehmen Sie behutsam seine Hände und zeigen ihm, wie man klatscht. Klatschen Sie eine Zeit lang gemeinsam, klatschen Sie rhythmisch, klatschen Sie abwechselnd laut und leise, klatschen Sie zu Musik.

■ *KLAPPERN:* Der User kann das Handausstrecken und Greifen entweder im Anschluss an die Übung oben einführen oder die Variante unabhängig von der ersten Übung zu einem anderen Zeitpunkt durchführen. Legen Sie eine kleine Rassel, ein Plüschtier oder ein anderes Spielzeug vor das Modell, so dass es sich gerade noch in Reichweite befindet. Ermuntern Sie das Modell, die Hand danach auszustrecken und das Objekt aufzuheben. Sie können das Objekt auch zunächst in leicht erreichbarer Nähe platzieren und dann langsam weiter fortbewegen, nicht so weit, dass das Modell frustriert ist, aber weit genug, um es zu motivieren, die Hand auszustrecken und danach zu greifen.

KITZELEIEN

HINTERGRUND

Verstehen des Körpers und seiner Eigenschaften. Ihr Modell wird jeden Tag mehr über die Dimensionen seiner Zubehörteile, ihre Verbindung und ihre Einsatzmöglichkeiten lernen. Diese spielerische Aktivität hilft ihm, mit seinem Körper vertraut zu werden.

ERFORDERLICHE HILFSMITTEL

Weiche saubere Feder, vorzugsweise aus keimfreiem synthetischem Material.

ABLAUF

■ Schwenken Sie die Feder vor den Augen des Modells hin und her. Beginnen Sie dann, mit der Feder den Körper des Modells zu berühren. Kitzeln Sie das Modell am Bauch. Kitzeln Sie es an den Füßen und Zehen. Gehen Sie methodisch alle Körperteile durch und sagen Sie dabei, wie sie heißen. Das Modell genießt sowohl die Nähe des Users als auch das Kitzeln und speichert gleichzeitig die Bezeichnungen für die Körperteile ab.

■ *ANMERKUNG:* Diese Aktivität ist am effektivsten, wenn das Modell nur eine Windel trägt, da dann maximaler Haut-Feder-Kontakt gewährleistet ist.

VARIANTE

Wie immer sind Vokalisierungen während der Aktivität dem User überlassen. Statt Körperteile zu benennen, kann er auch einfach „kille, kille" sagen oder andere lustige Laute machen.

ACHTUNG

Lassen Sie das Modell nie unbeaufsichtigt mit der Feder allein. Es könnte an ihr ersticken.

FAHRRAD FAHREN

HINTERGRUND

Entwicklung der Muskeln, die den Fortbewegungs-apparat (auch Beine genannt) in Gang setzen.

ERFORDERLICHE HILFSMITTEL

Ebene, bequeme Fläche; zwei Hände des Users; zwei Beine.

ABLAUF

■ Legen Sie das Modell auf dem Rücken auf eine ebene bequeme Fläche. Umfassen Sie mit den Händen seine Knöchel. Beginnen Sie, die Knöchel des Modells einen nach dem anderen langsam im Kreis zu bewegen, als würde es Fahrrad fahren. Kehren Sie die Bewegung nach einiger Zeit um, so dass es aussieht, als würde das Modell rückwärts treten.

■ **ANMERKUNG:** Diese nützliche Aktivität kann auch während der Installation einer Windel durch-geführt werden.

VARIANTE

Untermalen Sie die Bewegungen mit Lauten, entweder durch Singen oder Musik aus einem elektronischen Gerät.

ACHTUNG

Achten Sie auf langsame, sanfte Bewegungen. Eine unangemessene Dehnung der Bewegungshelfer (auch Muskeln genannt) kann beim Modell Unbehagen oder Funktions-störungen verursachen.

BAUCH TROMMELN

HINTERGRUND

Verbesserung der Wiedererkennung rhythmischer Muster mittels der Beschallung des Modells durch Musik. Indem Sie Ihr Modell wie ein Instrument behandeln und rhythmisch auf sein Gehäuse klopfen, fördern Sie diese Fähigkeit.

ERFORDERLICHE HILFSMITTEL

Keine.

ABLAUF

■ Benutzen Sie Ihr Modell wie ein Instrument. Legen Sie das Kind auf den Rücken und klopfen Sie, während Sie singen oder ein Lied spielen, sanft und rhythmisch auf seinen Bauch. Oder reiben Sie im Rhythmus der Musik sanft die Wange Ihres Modells. Setzen Sie das Modell auf Ihren Schoß und klatschen Sie im Rhythmus der Musik seine Hände zusammen oder stampfen Sie seine Füße auf.

VARIANTE

Zeigen Sie dem Modell, wie es sich selbst zum Musikinstrument machen kann, indem es in seine Hände oder auf seine Knie klatscht oder mit den Füßen aufstampft.

ACHTUNG Mit 3–12 Monaten ist Ihr Modell noch nicht mit der Musik von AC/DC, Metallica, Rammstein und anderen Heavy-Metal-Bands kompatibel.

NASENTRAINING

HINTERGRUND

Die Geruchssensoren Ihres Modells sind bei der Lieferung bereits relativ gut entwickelt. Sorgen Sie dafür, dass sie funktionstüchtig bleiben, indem Sie Ihr Modell verschiedenen Wohlgerüchen aussetzen.

ERFORDERLICHE HILFSMITTEL

Jedes Duft erzeugende Objekt in Ihrer Umgebung.

ABLAUF

■ Eine praktische, intensive Duftquelle sind Blumen. Deuten Sie, wenn Sie beim Spazierengehen mit Ihrem Modell an einem Garten vorbeikommen, auf die Blumen und halten Sie eine duftende Sorte dicht an den Geruchssensor des Modells. Schnuppern Sie demonstrativ, um ihm zu zeigen, wie man den Duft riecht. Achten Sie tagsüber auf andere angenehme Gerüche und machen Sie Ihr Kind auf sie aufmerksam. Geben Sie dem Modell Dinge, an denen es schnuppern kann, wie in Stücke geschnittene Pfirsiche, Beeren, frische Backwaren, Kräuter, Shampoo, Seife oder Wachsmalkreide.

ACHTUNG — **Lassen Sie Ihr Modell mit den Geruchsproben nie unbeaufsichtigt!**

GESICHTER SCHNEIDEN

HINTERGRUND

Ihr Modell kann in seinem Gesicht bereits verschiedene Gefühle ausdrücken, unter anderem Freude oder Unbehagen. Mit der Erweiterung seines emotionalen Spektrums können Sie ihm neue Möglichkeiten zeigen, durch Einsatz seiner Gesichtsmuskeln Gefühle zu signalisieren.

ERFORDERLICHE HILFSMITTEL

Gesichtsmuskeln von User und Modell.

ABLAUF

■ Das Modell wird hingerissen sein, wenn der User seine Gesichtsmuskeln auf belustigende und unterhaltsame Weise spielen lässt. Schneiden Sie vor dem Modell komische Gesichter, wobei Sie auch mit den Augen zwinkern oder die Zunge herausstrecken können. Machen Sie zu diesen Gesichtern vielleicht ebenso unterhaltsame und/oder komische Laute. Erweitern Sie dieses Standardrepertoire beliebig.

■ Dem unterhaltsamen Teil der Aktivität sollte der User einige pädagogisch wertvollere Gesichter folgen lassen und sie kommentieren. Erklären Sie beispielsweise, dass Sie glücklich sind, und machen Sie dabei ein glückliches Gesicht. Sie sollten auch Gesichter schneiden, die andere Emotionen ausdrücken, wie Trauer, Wut, Überdruss usw. Auf diese Weise speichert das Modell Standardausdrücke und lernt ihre Bedeutung kennen. Später wird das Modell in der Lage sein, sie zu kopieren.

VARIANTE

In die Aktivität können Requisiten wie Hüte, Masken, Clownsnasen, Brillen und andere Verkleidungen einbezogen werden.

VORSINGEN

HINTERGRUND

Wie bereits erwähnt, ist bei Ihrem Modell ein Programm zur Stimmerkennung vorinstalliert. Im Alter von 3 Monaten sind in diesem Programm vermutlich bereits verschiedene Lieder gespeichert. Sie können nun zusätzliche Funktionen des Programms aktivieren, indem Sie das Wiedererkennen erschweren, d. h. vertraute Melodien auf unvertraute Weise zum Besten geben.

ERFORDERLICHE HILFSMITTEL

Passable Singstimme, Grundkenntnisse in Kinderliedern.

ABLAUF

■ Wählen Sie ein Lied, das Ihrem Modell bereits gut vertraut ist, wie „Alle meine Entchen" (siehe Seite 125). Singen Sie es Ihrem Modell zunächst auf die übliche Weise vor. Dann beginnen Sie es zu verändern. Singen Sie das Lied erst schnell und dann ganz langsam. Singen Sie es einmal mit hoher und einmal mit tiefer Stimme. Singen Sie es im Stil von Jazz, Countrymusic, Rock and Roll oder Hip-Hop. Singen Sie es auf jede beliebige Weise. Abgesehen davon, dass dies für Ihr Modell sehr unterhaltsam ist, wird dadurch seine Fähigkeit zur Verarbeitung akustischer Signale trainiert.

VARIANTE

Verwenden Sie andere Lieder aus dem Anhang ab Seite 119.

MINI-MAIBAUM

HINTERGRUND

Ihr Modell besitzt jetzt ein fast perfektes Sehvermögen, aber es lernt immer noch dazu, wenn es Objekte, die sich bewegen, mit den Augen verfolgt. Das Kind sieht Formen und Farben deutlich und sucht sie gern in seiner Umgebung.

ERFORDERLICHE HILFSMITTEL

Leere Küchenpapierrolle, bunte Bänder oder Stoffstreifen. Zum Basteln eines Mini-Maibaums einfach die Bänder oder Stoffstreifen an einem Ende der Rolle gut festkleben.

ABLAUF

■ Halten Sie den Mini-Maibaum so, dass das Modell ihn sehen kann. Drehen und schwenken Sie den Maibaum, damit die an ihm befestigten Bänder durch die Luft wirbeln. Das Modell wird daraufhin seine Greifwerkzeuge ausfahren und versuchen, an den Bändern zu ziehen (sie müssen daher gut befestigt sein). Drehen Sie den Baum weiter. Die optischen Sensoren des Modells werden dieses farbenfrohe Spektakel verfolgen und abspeichern.

VARIANTE

Ergänzen Sie die Aktivität durch Muskeltraining, indem Sie den Maibaum gerade außerhalb der Sichtweite Ihres Modells halten, so dass es den Hals recken oder den Körper drehen muss, um ihn zu sehen. Ältere Modelle können den Mini-Maibaum selbst halten und schwenken.

ACHTUNG

Lassen Sie Ihr Modell mit dem Mini-Maibaum nicht unbeaufsichtigt. Die Bänder und Stoffstreifen könnten sich lösen und bei unsachgemäßer Verwendung zu Funktionsstörungen führen.

ERBSENZÄHLER

HINTERGRUND

Mit zunehmendem Alter arbeiten die Greifwerkzeuge Ihres Modells (auch Hände genannt) immer präziser. Mit etwa 6 Monaten lernt das Modell zuzugreifen und kleine Objekte aufzuheben. Durch die folgende Aktivität können Sie die Entwicklung dieser Fähigkeit fördern.

ERFORDERLICHE HILFSMITTEL

Frische oder tiefgefrorene Erbsen, weich gegart und auf Zimmertemperatur abgekühlt.

ABLAUF

■ Setzen Sie Ihr Modell in seine Fütterstation und sichern Sie es. Legen Sie die Erbsen auf einem Tablett vor das Modell, entweder für sich oder mit anderen Leckerbissen gemischt. Ermuntern Sie das Modell, die Erbsen aufzuheben.

■ *ANMERKUNG:* Im Anschluss an diese Aktivität sollten Sie Fütterstation und Umgebung gründlich säubern, da diese kleinen grünen Kerlchen gern an unvermutete Plätze rollen, wo sie zerdrückt werden können.

VARIANTE

Verwenden Sie an Stelle von Erbsen andere Lebensmittel wie weiße Bohnen oder kleine Stücke gebratenen Tofu. Achten Sie darauf, dass alle diese Dinge sehr weich sind und auch ohne Kauen verdaut werden können. Rosinen oder Nüsse etwa sind ungeeignet.

ACHTUNG

Mit zunehmendem Greifvermögen vergrößert sich das Risiko, dass ungeeignete kleine Objekte ihren Weg in den Input-Port Ihres Modells finden. Achten Sie darauf, dass sich keine kleinen, losen Objekte in Reichweite des Modells befinden, da sonst ernste Erstickungsgefahr besteht.

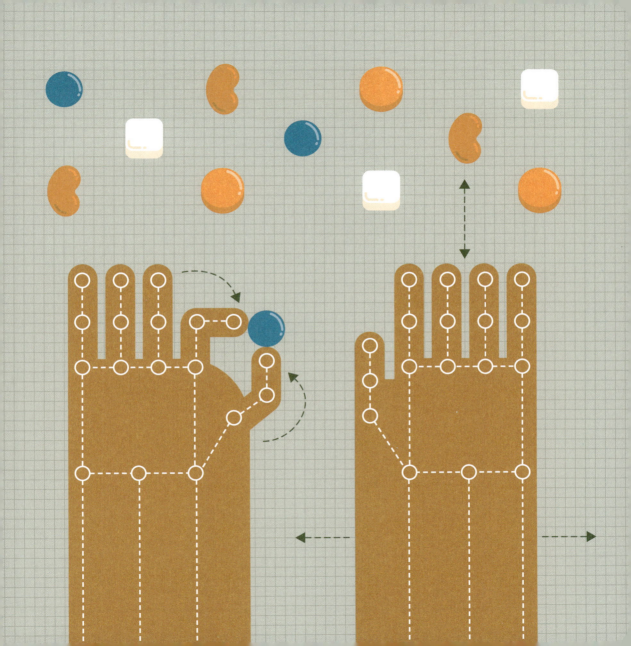

KUCKUCKSPIEL

HINTERGRUND

Ihr Modell beginnt nun das Konzept der Objektpermanenz zu verstehen (d. h. es weiß, dass der User noch da ist, auch wenn es ihn nicht sieht). Dies erlaubt die Einführung der Objektverschiebung, in der Usersprache auch Kuckuckspiel genannt.

ERFORDERLICHE HILFSMITTEL

Userhände zum Verstecken des Gesichtes. Es können aber auch andere Objekte wie Schals, Bücher oder Plüschtiere verwendet werden, um das Gesicht zu verbergen.

ABLAUF

■ Der User sollte sich an einen Platz stellen, an dem das Modell ihn sehen kann. Bedecken Sie nun Ihr Gesicht, wobei Sie darauf achten müssen, dass das Modell dieses scheinbare „Verschwinden" bemerkt. Dann sollten Sie Ihr Gesicht plötzlich wieder zeigen, während Sie „Kuckuck!" rufen. Setzen Sie dieses Spiel fort, solange das Modell Interesse daran zeigt (oder solange Ihre Geduld reicht). Benutzen Sie dabei, sofern dies zweckdienlich oder erforderlich erscheint, zusätzliche Hilfsmittel.

VARIANTE

Der User kann das Spiel vor Verbergen des Gesichtes mit der Frage beginnen: „Wo ist Mami/Papi?" oder: „Wo ist (Name oder Kennung des Users)?"

FINGER UND ZEHEN ZÄHLEN

HINTERGRUND

Finger und Zehen Ihres Modells haben eine günstige Position für erste Zählübungen. Mit 6–12 Monaten funktioniert das Zahlenerkennungsprogramm Ihres Modells zwar noch nicht vollständig, aber die bei dieser Aktivität gesammelten Daten werden von Ihrem Modell für die Zukunft gespeichert, so dass es später auf sie zugreifen kann.

ERFORDERLICHE HILFSMITTEL

Finger- und Zehenanhänge des Modells.

ABLAUF

■ Halten Sie eine Hand oder einen Fuß Ihres Modells hoch, damit es dieses Zubehörteil sehen kann. Beginnen Sie zu zählen und berühren Sie dabei einen Finger/Zeh nach dem anderen. Zählen Sie mehrmals von eins bis zehn und dann rückwärts von zehn bis eins.

■ Wandeln Sie das Spiel ab, indem Sie dem Modell zeigen, wie man Daumen und/oder Finger umbiegt, so dass nur ein, zwei, drei oder vier Finger nach oben stehen.

■ *ANMERKUNG:* Der User sollte diese Aktivität auf seiner Festplatte abspeichern, um die Daten wieder abrufen zu können, wenn das Modell 4 Jahre oder älter ist, um Rechnen zu üben, wie etwa $5 + 5 = 10$.

VARIANTE

Ebenfalls geeignet für diese Aktivität sind traditionelle Kinderreime wie „Das ist der Daumen" (siehe Seite 137). Zudem kann der User so tun, als würde er an den Fingern oder Zehen des Modells nuckeln, während er zählt.

BALLROLLEN

HINTERGRUND

Mit etwa 6 Monaten kann Ihr Modell aufrecht sitzen. Ist diese neue, aufrechte Position erreicht, können User und Modell neue Arten von Aktivitäten ausführen.

ERFORDERLICHE HILFSMITTEL

Bälle von unterschiedlicher Art, Größe und Gewicht wie etwa langsam rollende aufblasbare Bälle aus Kunststoff oder sich rascher bewegende kleinere Gummibälle.

ABLAUF

- Setzen Sie das Modell auf den Fußboden und nehmen Sie in 60–90 cm Entfernung gegenüber von ihm Platz. Vielleicht möchten Sie die Beine gegrätscht ausstrecken, um ein „Spielfeld" zu markieren und zu verhindern, dass der Ball zu weit wegrollt.

- Rollen Sie den Ball zum Modell. Er bleibt liegen, sobald er die Beine des Modells erreicht. Ermuntern Sie das Modell, den Ball hochzuheben. Zeigen Sie ihm durch Dirigieren seiner Armbewegungen, wie es den Ball zu Ihnen zurückrollt.

- Diese Aktivität muss recht häufig wiederholt werden, damit das Modell lernt, welche Bewegungen zum Rollen des Balles notwendig sind. Beherrscht es diese Fertigkeit, kann der Abstand zwischen User und Modell vergrößert und/oder der Ball schneller gerollt werden.

VARIANTE

Legen Sie ein Brett auf den Boden und lassen Sie den Ball durch Anheben eines Endes auf dem Brett herunterrollen. Oder rollen Sie zwei Bälle gleichzeitig zu dem Modell.

ACHTUNG

Zu Beginn dieser Altersstufe kann Ihr Modell bis zu 30 Minuten aufrecht sitzen, mit zunehmendem Alter dann immer länger.

Wenn das Modell dieses Spiel beherrscht, den Abstand vergrößern, damit es interessant bleibt.

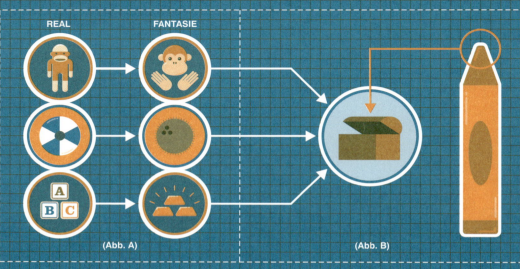

REAL FANTASIE

(Abb. A)　　　　　　　　　(Abb. B)

(Abb. C)

Selbst die einfachsten Haushaltsgegenstände werden dem Modell neu und aufregend erscheinen.

SCHATZTRUHE VERSION 1.0

HINTERGRUND

Ihr Modell entwickelt ein Gefühl für räumliche Zusammenhänge. Das folgende Spiel zielt auf das Verständnis des Konzepts von „drinnen" und „draußen".

ERFORDERLICHE HILFSMITTEL

Stabiler, optisch ansprechender Behälter mit Deckel, der sich leicht öffnen und schließen lässt. Optimal ist eine Blechkiste mit 15–30 cm Höhe. Sie dient als Schatztruhe und wird mit kleinen, bunten Objekten (nicht so klein, dass sie in den Input-Port des Kindes passen) gefüllt, die sich leicht greifen lassen, wie Spielzeuge oder Bauklötze (Abb. A und B).

ABLAUF

■ Setzen Sie das Modell auf den Fußboden und stellen Sie die Schatztruhe direkt vor das Modell. Zeigen Sie ihm, wie man die Kiste öffnet, und helfen Sie ihm, die Objekte nacheinander aus der Schatztruhe zu nehmen. Lassen Sie ihm zwischendurch Zeit, mit den einzelnen Objekten zu spielen (Abb. C). Wenn die Kiste leer ist, helfen Sie dem Modell, die Objekte nacheinander wieder einzuräumen. Wiederholen Sie die Aktion, überlassen Sie dem Modell dabei aber möglichst viel Eigeninitiative.

VARIANTE

Aktivieren Sie den Überraschungsreflex des Modells, indem Sie die Kiste jedes Mal mit anderen Dingen füllen.

BLECHMUSIKANTEN

HINTERGRUND

Bei Ihrem Modell ist der Wunsch vorinstalliert, Objekte zum Erzeugen von Lauten gegeneinander zu schlagen. Öffnen Sie dieses Programm für rudimentäre Formen von Musik, indem Sie ihm geeignete Instrumente zur Verfügung stellen.

ERFORDERLICHE HILFSMITTEL

Töpfe, Pfannen und andere Küchenutensilien (mit Deckeln) als Trommeln; Holzlöffel oder Kunststoffgegenstände (ohne scharfe Kanten) als Trommelstöcke.

ABLAUF

■ Stellen Sie Töpfe und andere Gegenstände auf den Fußboden und setzen Sie das Modell direkt davor. Oder bewahren Sie diese Objekte im unteren Fach eines Küchenschrankes auf, aus dem Ihr Kind sie selbst herausräumen kann. Ermuntern Sie das Modell zu trommeln oder auf andere Weise Geräusche zu erzeugen. Es wird an dieser Beschäftigung großen Gefallen finden.

■ *ANMERKUNG:* Möglicherweise zieht der User es während der Zubereitung von Mahlzeiten vor, eine alternative Tonquelle zu aktivieren.

ACHTUNG Bewahren Sie in für Kinder zugänglichen Küchenschränken nie gefährliche Objekte (z. B. Chemikalien, schwere Töpfe) auf. Montieren Sie nötigenfalls Sicherheitsriegel.

TAUZIEHEN

HINTERGRUND

Testen des sich entwickelnden und verbesserten Greifvermögens des Modells mittels eines interaktiven User-Modell-Experiments.

ERFORDERLICHE HILFSMITTEL

Langer Schal (oder ein beliebiges herabbaumelndes Spielzeug).

ABLAUF

■ Legen Sie das Modell auf dem Rücken auf eine Decke oder den Teppich. Lassen Sie den Schal im Kopf/Brust-Bereich des Modells gerade innerhalb der Reichweite seiner ausgestreckten Arme und Hände herabhängen. Ermuntern Sie das Modell, nach dem Objekt zu greifen. Sobald sich seine Hand dem Schal nähert, ziehen Sie ihn spielerisch weg. Ihr Modell wird großen Gefallen daran finden, wenn Sie dies mehrere Male wiederholen. Lassen Sie dann das Modell den Schal ergreifen und ziehen Sie sanft am anderen Ende wie bei einem Tauziehen. Alternativ können Sie den Schal abwechselnd wegziehen und Ihr Modell nach ihm greifen lassen.

⚠ ACHTUNG Obwohl die Arme des Modells fest installiert sind, sollte nicht zu heftig an ihnen gezogen werden.

KISTENSPASS

HINTERGRUND

Kleinkindnutzer, die viel Geld in Spielzeug investieren, müssen häufig zu ihrer Enttäuschung feststellen, dass sich das Kind für die Verpackungskartons mehr interessiert als für ihren Inhalt. Die hier folgende Aktivität nutzt das Interesse des Kindes an Kartons für kreatives Spiel.

ERFORDERLICHE HILFSMITTEL

Leerer, sauberer Pappkarton, größer als das Modell.

ABLAUF

- Stellen Sie den Karton auf den Fußboden und setzen Sie das Modell neben ihn. Weitere Intervention ist nicht erforderlich. Beobachten Sie, wie das Kind mit dem Karton interagiert, während es in ihn hinein-, unter ihn und um ihn herum krabbelt.

VARIANTE

Tun Sie so, als sei der Karton ein Haus oder Spielplatzgerät, und gestalten Sie ihn entsprechend, etwa durch Anmalen. Oder bauen Sie aus Kartons einen Tunnel, in dem das Modell Techniken des Hinein- und Hinauskrabbelns üben kann.

ACHTUNG

Lassen Sie das Modell nie mit dem Karton allein. Es könnte unter ihm begraben werden oder versuchen, auf ihn zu klettern.

Gebrauch nur
durch User

Die meisten Modelle können allein durch einen leeren Karton den Selbstbeschäftigungsmodus aktivieren.

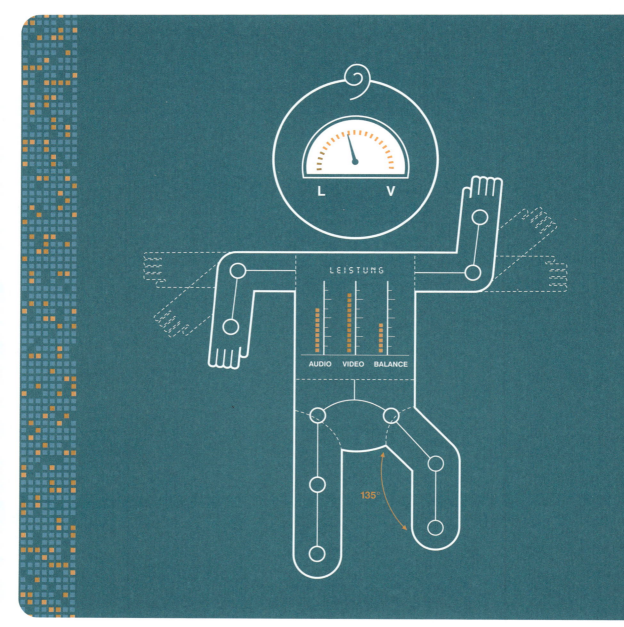

[Teil 2]

Der zweite Teil dieses Handbuches enthält Aktivitäten, die für das Alter vom 13. Betriebsmonat (Beginn des zweiten Lebensjahres) bis zum 24. Betriebsmonat (zwei Jahre) geeignet sind.

Während dieses zweiten Jahres wird Ihr Modell einige der folgenden Entwicklungsschritte durchlaufen:

- Zunehmende Mobilität des Fortbewegungsapparates in Form von Laufen, Rennen und Springen.
- Verbesserung des Greifvermögens und damit verbundenen Bewegungen wie Werfen oder Ziehen.
- Erfassen von Konzepten wie Farbe, Temperatur und den Eigenschaften von Wasser.
- Erstes Wiedererkennen von Buchstaben und Zahlen.
- Erweiterung des Vokabulars auf 20 bis 100 Worte.

Jede Aktivität in diesem Teil ist einem oder mehreren dieser Entwicklungsschritte förderlich.

Testen Sie wiederum alle Vorschläge, kombinieren Sie die Spiele und wiederholen Sie Favoriten so oft wie möglich. Ihr Modell profitiert von Wiederholungen und dem täglichen Einsatz neuer Fertigkeiten.

KORBBALL

HINTERGRUND

Sobald Ihr Modell die Stehfunktion selbständig beherrscht, kann es Gleichgewichts- und Geschicklichkeitsübungen machen.

ERFORDERLICHE HILFSMITTEL

Leichte Bälle, die bequem in der Hand des Modells liegen. Korb oder Eimer.

ABLAUF

■ Stellen Sie das Modell in einer aufrechten Position in der Nähe von einem Korb oder einem Eimer auf. Geben Sie ihm einen Ball in die Hand und demonstrieren Sie mit einem zweiten Ball, wie man den Ball in den Korb wirft.

■ Es wird empfohlen, eine größere Zahl von Wurfobjekten bereit zu legen, damit sich der User nicht ständig bücken muss, wenn ein Objekt sein Ziel verfehlt hat.

VARIANTE

Verwenden Sie zum Werfen andere kleine Gegenstände wie Plüschtiere oder leichtes Kunststoffspielzeug.

FINGERFARBEN

HINTERGRUND

Schaffen zufälliger Muster, woran Ihr Modell in diesem Alter vermutlich viel Freude haben wird.

ERFORDERLICHE HILFSMITTEL

Selbstgemachte Fingerfarben. Dazu 2 Teile Maisstärke mit 1 Teil Wasser vermischen, dann Lebensmittelfarbe hinzufügen, bis der gewünschte Farbton erreicht ist.

ABLAUF

■ Geben Sie die Farbpaste auf eine helle saubere Oberfläche und ermuntern Sie Ihr Modell, mit der Farbpaste zu spielen, indem es sie, beispielsweise, verschmiert, zusammenzieht, verwirbelt oder aufhäuft. Weitere Möglichkeiten können sich aus Daten, die das Modell bereits gespeichert hat, ergeben. Beim Trocknen wird die Fingerfarbe hart.

■ *ANMERKUNG:* Es wird empfohlen, für diese und andere mit Schmutz verbundene Aktivitäten einen Extrabereich im Haus zu reservieren. Lebensmittelfarbe kann durch wiederholtes Waschen wieder von den Händen entfernt werden.

 ACHTUNG Obwohl die Farbpaste ungiftig und unschädlich ist, sollte das Modell dennoch unbedingt von ihrem Verzehr abgehalten werden.

FARBERKENNUNG

HINTERGRUND

In diesem Alter funktioniert das Programm Ihres Modells für die Erkennung und Unterscheidung von Farben beinahe perfekt. Häufiges Aufrufen dieses Programms beseitigt letzte Fehler.

ERFORDERLICHE HILFSMITTEL

Keine. Diese Aktivität kann praktisch überall mit beliebigen Objekten ausgeführt werden.

ABLAUF

■ Formulieren Sie ein Ziel für die Aktivität. Sagen Sie beispielsweise: „Lass uns Sachen suchen, die blau sind." Schauen Sie sich in dem Raum um, in dem Sie sich gerade mit dem Modell befinden. Gehen Sie dann mit dem Modell durch das Haus, um blaue Objekte zu suchen. Sollte das Modell keine blauen Dinge entdecken, schränken Sie das Suchgebiet ein, etwa so: „Siehst du etwas Blaues in dem Regal?" Sobald das Objekt gefunden ist, sprechen Sie darüber, berühren es oder nehmen es in die Hand. Dann gehen Sie wieder in den Suchmodus. Ist die Suche nach einer Farbe abgeschlossen, wird sie mit einer anderen Farbe fortgesetzt.

VARIANTE

Diese Aktivität kann im Haus, im Freien und sogar aus dem fahrenden Auto heraus durchgeführt werden. Zudem kann sie das Modell bei Alltagstätigkeiten wie etwa beim Einkaufen ablenken.

HOCHSTAPELEIEN

HINTERGRUND

Üben der Geschicklichkeit. Vermutlich stapelt Ihr Modell in diesem Alter gern Dinge aufeinander, da es mittlerweile über die erforderliche Geschicklichkeit verfügt.

ERFORDERLICHE HILFSMITTEL

Saubere, leere Kartons, etwa von Orangensaft, Milch usw.

ABLAUF

■ Geben Sie Ihrem Modell eine größere Menge dieser „Bauklötze". Aufgrund ihrer Größe kann das Modell sie bequem in die Hände nehmen. Wie bei jeder Aktivität sollte der User zunächst demonstrieren, wie die Objekte verwendet werden, damit das Modell die Bewegungen speichern und anschließend kopieren kann. Ermuntern Sie das Modell, möglichst viele Kartons übereinander zu stapeln. Lachen Sie, wenn die Kartons in sich zusammenstürzen, und versuchen Sie, das Modell zu weiteren Versuchen zu motivieren.

VARIANTE

Viele Objekte können aufeinander gestapelt werden, wie etwa speziell für diesen Zweck hergestellte Bauklötze.

ACHTUNG **Verzichten Sie auf Behälter aus Glas oder Metall, da bei ihnen Verletzungsgefahr besteht.**

KUNSTUNTERRICHT

HINTERGRUND

Ihr Modell hat nun die Fertigkeit, nach Dingen zu greifen, verfeinert und zudem ein Gefühl für Farbe und Form bekommen. Bei dieser Aktivität wird beides für kreative Leistung genutzt.

ERFORDERLICHE HILFSMITTEL

Großer Bogen Papier oder Zeichenblock und dicke Wachsmalkreide.

ABLAUF

■ Setzen Sie das Modell vor Papier und Wachsmalkreide (Abb. A). Zeigen Sie ihm, wie man eine Wachsmalkreide in die Hand nimmt und mit ihr Striche auf dem Papier macht. Weisen Sie nachdrücklich darauf hin, dass Wachsmalkreide nicht zum Verzehr geeignet ist (Abb. B). Demonstrieren Sie dem Modell, dass mit verschiedenen Kreiden Striche unterschiedlicher Farbe gemacht werden können. Ermuntern Sie das Modell, die Kreiden auszuprobieren (Abb. C). Motivieren Sie es, bestimmte Farben herauszusuchen, etwa indem Sie fragen: „Kannst du ein rotes Bild für mich malen?"

■ *ANMERKUNG:* Diese Aktivität hat den zusätzlichen Nutzen, dass Kunstwerke entstehen, die gerahmt und aufgehängt werden können.

VARIANTE

Wird das Modell dieser Aktivität müde, können Sie mit einem Ratespiel fortfahren. Der User fertigt dazu einfache Zeichnungen von leicht erkennbaren Objekten an, die das Modell identifizieren soll.

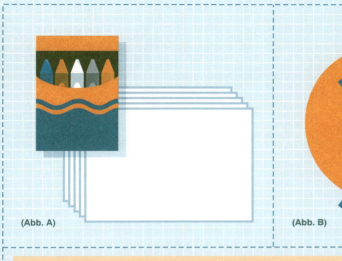

(Abb. A)

(Abb. B)

(Abb. C)

Die Fähigkeit des Modells zum spontanen Ausdruck von Kreativität nimmt mit zunehmender Betriebszeit und Praxis zu.

SCHNEEEXPERIMENTE

HINTERGRUND

Erprobung des Greifvermögens mittels eines glitschigen Naturmaterials.

ERFORDERLICHE HILFSMITTEL

Dies ist eine saisonabhängige Aktivität, für die Kooperation seitens des Wetters Voraussetzung ist. Sammeln Sie, wenn es geschneit hat, im Freien etwas Schnee in einem kleinen Kunststoffbehälter und bringen Sie ihn ins Haus.

ABLAUF

■ Stellen Sie den Behälter vor das Modell und lassen Sie es mit dem Schnee hantieren, damit es mit seinen Eigenschaften vertraut wird. Helfen Sie ihm, aus dem Schnee Bälle und andere Objekte zu formen. Versuchen Sie gemeinsam mit dem Modell, diese Objekte aufeinander zu setzen und etwas aus ihnen zu bauen. Beziehen Sie einen Überraschungseffekt ein: Sagen Sie dem Modell, dass Sie den Schnee zur Wiederverwendung beiseite stellen, damit das Modell später staunend entdecken kann, dass er geschmolzen ist.

VARIANTE

Für ein ähnliches Experiment kann Sand verwendet werden, der zudem besser für den ganzjährigen Gebrauch geeignet ist.

ACHTUNG

Denken Sie daran, dass Ihr Modell extrem hitze- und kälteempfindlich ist, weshalb es immer nur kurze Zeit mit Schnee hantieren sollte.

EIMERVERGNÜGEN

HINTERGRUND

Vermutlich kann sich Ihr Modell endlos mit Wasser vergnügen. Nutzen Sie diese Begeisterung für das nasse Element zur Einführung neuer Lernkonzepte.

ERFORDERLICHE HILFSMITTEL

Eimer, Wasser, schwimmfähige und in Wasser untergehende Spielzeuge oder andere kleine Objekte.

ABLAUF

■ Füllen Sie den Eimer mit Wasser und legen Sie mehrere Spielzeuge oder andere Objekte um ihn herum. Halten Sie ein Spielzeug über den Eimer und fragen Sie das Modell, ob dieses Objekt im Wasser schwimmen oder untergehen wird. Zeigen Sie den Unterschied, indem Sie das Objekt auf das Wasser setzen und dann unter Wasser drücken. Fordern Sie das Modell auf, das Objekt in den Eimer fallen zu lassen, und beobachten Sie mit dem Modell, wie sich das Objekt verhält. Werfen Sie ein Objekt nach dem anderen in den Eimer. (Nehmen Sie eventuell bereits verwendete Objekte wieder heraus, damit der Eimer nicht zu voll wird.) Beobachten Sie mit dem Modell, ob sie schwimmen oder untergehen. Ermuntern Sie das Modell, Vorhersagen darüber zu treffen, wie sie sich verhalten werden.

VARIANTE

Wählen Sie schwere, leichte, wasserdurchlässige, löchrige und massive Objekte. Diese Aktivität kann auch in einem Waschbecken, der Badewanne, dem Swimmingpool oder anderen mit Wasser gefüllten Behältern durchgeführt werden.

NAMENSSPIEL

HINTERGRUND

Das Buchstabenerkennungsprogramm wird bei Kindern irgendwann automatisch aktiviert. Dennoch ist es nie zu früh, dem Modell Buchstaben zu zeigen, damit es sich mit ihrer Form vertraut machen kann. Am besten beginnen Sie mit den Buchstaben, die den Namen des Modells bilden, nicht zuletzt, weil es vermutlich immer wieder Geschenke bekommt, auf denen diese Buchstabenabfolge zu sehen ist.

ERFORDERLICHE HILFSMITTEL

Dinge, auf denen sich der Name des Modells befindet, wie etwa persönliche Geschenke, und Objekte mit Buchstaben, aus denen sich der Name des Modells zusammensetzt, wie Bauklötze, Tafeln, Kunststoffbuchstaben für die Badewanne, Schreibstifte oder Malutensilien.

ABLAUF

■ Zeigen Sie dem Modell ein Beispiel seines geschriebenen Namens. Sprechen Sie den Namen laut aus und sagen Sie: „Das ist dein Name." Wiederholen Sie dies mehrmals. Tragen Sie das Modell durch sein Zimmer und deuten Sie auf Stellen, an denen sein Name geschrieben steht. Schreiben Sie den Namen auf ein Blatt Papier, während das Modell zusieht. Geben Sie ihm eine Wachsmalkreide in die Hand und helfen Sie ihm, seinen Namen zu schreiben. Schreiben Sie den Namen auf Sticker und kleben Sie diese an Dinge, die dem Modell gehören.

⚠ ACHTUNG — Übertreiben Sie es nicht mit der Kennzeichnung seiner Sachen, da sonst später Probleme bei der Shareware-Aktivierung auftreten könnten.

BODYPAINTING

HINTERGRUND

Diese Aktivität bringt ein spielerisches Moment in die Badeprozedur.

ERFORDERLICHE HILFSMITTEL

Baby-Waschgel, kleiner Behälter, Lebensmittelfarbe, Waschlappen.

ABLAUF

■ Geben Sie zunächst etwas Waschgel in den Behälter und mischen Sie einige Tropfen Lebensmittelfarbe unter. Füllen Sie die Badewanne 10–20 cm hoch mit warmem Wasser. Stellen Sie das Modell auf eine Badematte neben der Wanne. Befeuchten Sie mit dem nassen Waschlappen die Oberfläche des Modells (nicht zu stark). Tragen Sie das farbige Gel auf seine Oberfläche auf.

■ Wenn das Modell mit Farbe bedeckt ist, kann der User Buchstaben und Figuren auf den Bauch und andere Zubehörteile des Modells malen. Diese Aktivität kann beliebig lange ausgeführt werden. Zum Schluss setzen Sie das Modell in die Badewanne und waschen die Seife ab.

ACHTUNG Große Mengen Lebensmittelfarbe können zur vorübergehenden Verfärbung des Modells führen. Deshalb sollte die Aktivität vor einem wichtigen Fototermin unterbleiben. Lassen Sie zudem das Modell nie unbeaufsichtigt in der Badewanne.

HILFSMITTEL:

Kastagnetten   Eierrasseln   Fahnen

ACHTUNG

Schals nach dem Spiel wegräumen

TANZPARTY

HINTERGRUND

Mittlerweile läuft Ihnen Ihr Modell vermutlich bereits auf und davon. Jeden Tag entdeckt es neue Möglichkeiten zur Kontrolle seiner grobmotorischen Fähigkeiten. Tanzen unterstützt diese Entwicklung in großartiger Weise.

ERFORDERLICHE HILFSMITTEL

Musik, durchsichtige Schals und Tücher.

ABLAUF

■ Aktivieren Sie die Musik an einem Ort, an dem reichlich Platz zum Umherlaufen ist. Beginnen Sie, sich zu der Musik zu bewegen (z. B. zu tanzen), und ermuntern Sie Ihr Modell, das Gleiche zu tun. Laufen, springen und hüpfen Sie durch das Zimmer. Nun sollte der User einen Schal hervorholen und diesen wie ein Torero um das Modell herumschwenken. Geben Sie dem Kind ebenfalls einen Schal, den es schwenken kann. Tanzen Sie weiter, während Sie und Ihr Modell mit den Schals spielen und sie, beispielsweise, über dem Kopf schwenken. Legen Sie einen Schal locker über den Kopf des Modells (er muss so transparent sein, dass es durch ihn hindurchsehen kann).

VARIANTE

Setzen Sie begleitend zum Tanzen auch andere Gegenstände ein wie Kastagnetten, Eierrasseln, Fahnen oder leere Küchenpapierrollen, an deren Enden Bänder befestigt sind.

ACHTUNG Verwenden Sie Schals nie so, dass das Modell ersticken könnte, und räumen Sie die Schals nach dem Spiel an einen sicheren Platz.

RASIERSCHAUMKUNST

HINTERGRUND

Förderung der Fähigkeit des Modells, Buchstaben zu erkennen und zu reproduzieren, die zur Bildung von Wörtern dienen.

ERFORDERLICHE HILFSMITTEL

Rasierschaum, geeignete schmutzabweisende Tischfläche. Falls gewünscht, Lebensmittelfarbe.

ABLAUF

■ Sprühen Sie etwas Rasierschaum auf die Tischfläche. Fügen Sie, falls gewünscht, einige Tropfen Lebensmittelfarbe hinzu. Lassen Sie das Modell Finger und Hände in die schaumige Masse tauchen. Ermuntern Sie es, Schaum und Lebensmittelfarbe zu mischen und mit der Mischung zu spielen (nötigenfalls noch einige Tropfen Lebensmittelfarbe hinzufügen). Malen Sie einen Buchstaben in den Rasierschaum und ermuntern Sie das Modell zur Nachahmung. Malen Sie mehrmals den gleichen Buchstaben, ehe Sie zum nächsten übergehen.

VARIANTE

Malen Sie auf ein Stück festes Bastelpapier einige Buchstaben mit Rasierschaum. Hängen Sie das Werk nach dem Trocknen auf. Ersetzen Sie die Buchstaben durch Zahlen oder geometrische Figuren.

ACHTUNG Der Verzehr von Rasierschaum führt bei Ihrem Modell zu Funktionsstörungen.

LÜCKENFÜLLER

HINTERGRUND

Ihr Modell wird durch die beruhigenden, sich wiederholenden Klänge seiner Lieblingslieder getröstet. Die Vertrautheit dieser Lieder kann genutzt werden, um sein Programm zum Spracherwerb und zur Sprachanwendung zu aktivieren.

ERFORDERLICHE HILFSMITTEL

Stimmbänder des Users.

ABLAUF

■ Singen Sie die Lieblingslieder Ihres Modells. Halten Sie vor dem letzten Wort jeder Zeile inne und geben Sie dem Modell zu verstehen, dass es dieses letzte Wort ergänzen soll. Singen Sie zum Beispiel „Hänschen klein, ging _____, in die weite Welt _____". Das Modell wird rasch begreifen, worum es geht, und das fehlende Wort einfügen. So entsteht ein vergnügliches Duett. Singen Sie in dieser Weise alle Lieblingslieder des Modells oder die Lieder auf Seite 120 ff.

VARIANTE

Sobald das Modell mit dieser Aktivität vertraut ist, lassen Sie willkürlich Worte im Text aus, nicht nur am Ende einer Zeile. Oder Sie lassen eine ganze Zeile aus, die das Modell ergänzen soll.

FAHRT DURCH DAS HAUS

HINTERGRUND

Ihr Modell ist nun vollkommen mobil und kann seinen Standort beliebig verlagern. Die folgende Aktivität eignet sich gut, um Ihr Kind in Situationen zu motivieren, in denen es sich nicht bewegen will.

ERFORDERLICHE HILFSMITTEL

Keine Hilfsmittel erforderlich. Es können jedoch Trillerpfeifen, Kappen und Sonnen- oder Taucherbrillen eingesetzt werden.

ABLAUF

■ Geben Sie vor, ein Fahrzeug zu fahren, zum Beispiel ein Auto. Sagen Sie zunächst: „Komm, steig ein! Wir machen jetzt eine Fahrt in die Küche." Tun Sie so, als würden Sie die Autotür öffnen, und helfen Sie dem Modell beim Einsteigen. Dann schließen Sie die Tür, starten den Motor und fahren in die Küche. Hupen Sie, um den Gegenverkehr auf sich aufmerksam zu machen. Fahren Sie in Ihrem imaginären Auto im ganzen Haus herum und ins Freie hinaus. Das nächste Mal können Sie vorgeben, eine Eisenbahn zu sein. Sie rufen: „Sch-sch, alles einsteigen", dann pfeifen Sie wie eine Lokomotive und fahren los. Die nächste Reise findet vielleicht in einem Flugzeug statt. Sie können sogar so tun, als würden Sie mit dem Modell auf einem Tandem fahren.

■ **ANMERKUNG:** Diese Aktivität ist vor allem dann hilfreich, wenn das Modell irgendwo nicht hin will, etwa in sein Bett oder zum Service-Provider.

SEHEN UND SAGEN

HINTERGRUND

Erweiterung des Grundvokabulars. In diesem Alter vergrößert Ihr Modell seine Fähigkeit zur Wiedergabe von Wörtern von etwa 20 auf beinahe 100 Wörter.

ERFORDERLICHE HILFSMITTEL

Keine Hilfsmittel erforderlich. Ein Vorteil dieser Aktivität besteht darin, dass sie praktisch überall stattfinden kann.

ABLAUF

- Der User zeigt mit dem Finger auf Objekte im Raum und fordert das Modell auf, ihm die richtige Bezeichnung für sie zu sagen.

VARIANTE

Sobald das Modell die Bezeichnungen von Basis-objekten beherrscht, fragen Sie es nach Dingen, die optisch nicht präsent sind, etwa danach, was es zum Frühstück gegessen hat. Erörtern Sie auch Emotionen. Fragen Sie z. B. „Wie fühle ich mich?", während Sie die Stirn runzeln.

ACHTUNG

Überfordern Sie das Modell nicht. Wenn es die Bezeichnung für ein Objekt nicht kennt, sagen Sie ihm das richtige Wort und wieder-holen Sie es mehrere Male mit freundlicher Stimme.

PFÜTZENHÜPFEN

HINTERGRUND

Verbesserung der Springfunktion. Diese harmlose, unterhaltsame Beschäftigung ermuntert das Kind zum Springen und schenkt ihm die Freuden eines Regentages, ohne dass es nass oder schmutzig wird.

ERFORDERLICHE HILFSMITTEL

Mehrere Bögen festes Bastelpapier, Schere, ggf. Klebestreifen.

ABLAUF

■ Schneiden Sie zunächst aus dem Papier mehrere „Pfützen" aus (Abb. A). Legen Sie die Pfützen in kurzen Abständen auf den Fußboden. Ermuntern Sie das Modell, von einer Pfütze zur nächsten oder darüber zu springen (Abb. C). Die Situation wird realistischer, wenn Sie das Gehäuse des Modells mit einer wasserdichten Schutzhülle, auch Regenmantel genannt, schützen (Abb. B).

■ *ANMERKUNG:* Falls der Fußboden glatt ist, sollte der User die „Pfützen" mit Klebstreifen fixieren.

VARIANTE

Beziehen Sie eine Farberkennungsübung ein. Fordern Sie das Modell auf, von einer Pfütze zu einer zweiten der gleichen Farbe zu springen oder, beispielsweise, nur auf rote oder blaue Pfützen.

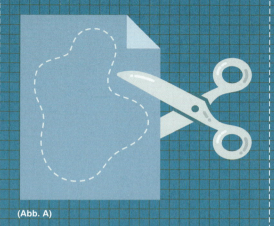

(Abb. A)

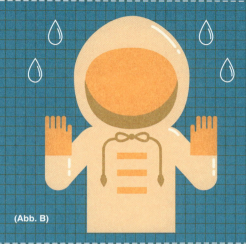

(Abb. B)

(Abb. C)

Sobald die Pfützen auf dem Fußboden liegen, wird das Modell automatisch sein Hüpfprogramm aktivieren.

TIERE IM ZOO

HINTERGRUND

Das Modell wird mit Vergnügen lernen, seinen Körper auf neue Weise zu bewegen. Zudem ermutigt diese Aktivität das Modell, ihm bis dato unbekannte (und laute) Stimmäußerungen von sich zu geben.

ERFORDERLICHE HILFSMITTEL

Keine.

ABLAUF

■ Aktivieren Sie die Fantasie Ihres Modells, indem Sie einen imaginären Besuch im Zoo ankündigen. Während Sie die Tiere zu beschreiben beginnen, können Sie und Ihr Modell sie durch Körperbewegungen und/oder Laute darstellen. Ahmen Sie eine Giraffe nach, die ihren langen Hals reckt, um ein Blatt zu fressen. Geben Sie vor, ein Elefant zu sein, der seinen Rüssel hebt und laut trompetet. Springen Sie wie ein Affe herum oder brüllen Sie wie ein hungriger Löwe. Tun Sie so, als würden Sie in die einzelnen Käfige oder Gehege schauen, und geben Sie Ihrem Modell das Gefühl, dass es die dort lebenden Tiere sehen kann. Ermuntern Sie es, die Tiere nachzuahmen.

VARIANTE

Planen Sie mit Ihrem Kind einen tatsächlichen Besuch im Zoo. Besuchen Sie all die Tiere, die Sie nachgeahmt haben.

TELEFONITIS

Vom 19. bis zum 24. Betriebsmonat ist Ihr Modell extrem gut auf Spracherwerb eingestellt. Es wird daher dringend empfohlen, dies durch Spiele zu fördern.

Spielzeugtelefon oder ausrangiertes echtes Telefon.

- Sagen Sie „Klingeling" oder ahmen Sie auf andere Weise das Geräusch eines klingelnden Telefons nach. Erklären Sie dem Modell, was dieses Geräusch bedeutet und wie es darauf reagieren muss. Sagen Sie zum Beispiel: „Oh, das Telefon klingelt. Lass mal sehen, wer da anruft!" Nehmen Sie den Telefonhörer ab und simulieren Sie ein Gespräch mit einer imaginären Person am anderen Ende der Leitung. Sagen Sie beispielsweise: „Hallo? (Fügen Sie hier den Namen des Modells ein)? Ja, sie/er ist da. Möchtest du mit ihr/ihm sprechen?"

- Geben Sie dem Modell den Telefonhörer und ermuntern Sie es, ein „Gespräch" zu führen. Der User kann auch so tun, als sei er die Person am anderen Ende der Leitung, indem er mit dem Modell spricht und ihm Fragen stellt.

- Dieser Informationsaustausch kann immer wieder erfolgen. Lassen Sie das Modell mit den unterschiedlichsten Personen telefonieren: mit Eltern, Großeltern, Freunden und selbst mit Zeichentrickfiguren, die es besonders mag.

FANG DEN BALL

HINTERGRUND

Üben der Fangfunktion von Objekten, die dem Modell zugeworfen werden. Diese Fertigkeit wird ein Leben lang Anwendung finden, aber sie muss langsam und stufenweise erworben werden.

ERFORDERLICHE HILFSMITTEL

Weicher Ball, der groß genug ist, damit das Modell erfolgreich danach greifen kann.

ABLAUF

■ Bei dieser Aktivität kann das Modell dem User gegenübersitzen oder gegenüberstehen. Halten Sie den Ball hoch, damit das Modell ihn sieht. Simulieren Sie eine Wurfbewegung. Zeigen Sie dem Modell den Bogen, in dem der Ball fliegen und wie er in den Händen des Modells landen wird. Für den ersten „echten" Wurf stellt sich der User dicht vor das Kind. Achten Sie darauf, dem Kind den Ball in die Hände zu werfen, nicht ins Gesicht. Dirigieren Sie den Ball in die Hände des Modells. Wenn das Modell den Ball sicher fängt, wird die Wurfdistanz langsam vergrößert.

■ Möglicherweise fordert das Modell nach jedem Wurf automatisch eine Wiederholung des Vorgangs. Wiederholen Sie ihn so lange, bis Sie glauben, dass das Modell seine Akkus wieder aufladen muss. Es wird empfohlen, diese Aktivität häufig, wenn nicht sogar täglich auszuführen.

VARIANTE

Sollten zwei User verfügbar sein, kann sich der zweite User hinter das Modell stellen und ihm beim Fangen des Balls helfen.

RICHTIG ODER FALSCH

HINTERGRUND

Förderung der Fähigkeit zur Produktbezeichnung, d. h. der richtigen Anwendung von Bezeichnungen für Alltagsgegenstände. Diese Fähigkeit kann durch absichtliche und belustigende Fehler weiter verbessert werden.

ERFORDERLICHE HILFSMITTEL

Regelmäßig benutzte Alltagsgegenstände.

ABLAUF

■ Verwenden Sie absichtlich das falsche Wort für Gegenstände, achten Sie aber darauf, dass Ihr Tonfall dabei spielerisch ist und Sie lächeln. Geben Sie dem Modell ein Stück Brot und sagen Sie: „Hier hast du deine Banane." Nach einem kurzen Moment der Verwirrung wird das Modell lachen. Ältere Modelle mit höher entwickelten Sprachfähigkeiten werden die Information mit bereits gespeicherten Daten abgleichen und Sie korrigieren. Diese Aktivität fördert die Fähigkeit des Modells, Objekte korrekt zu benennen, und ferner seinen Sinn für Humor, da es lernt, einen Scherz zu erkennen.

■ Dieses Spiel wird zur Unterhaltung und Weiterbildung gespielt. Fragen Sie: „Möchtest du ein Buch haben?", während Sie dem Modell einen Schuh reichen, oder Sie sagen: „Zeit zum Abendessen!", während Sie das Modell in die Badewanne setzen. Wenn das Modell Sie korrigiert, sollten Sie zusammen mit ihm lachen.

■ **ANMERKUNG:** Diese Aktivität ist auch als Speichertest nützlich, mit dem der User prüfen kann, inwieweit das Modell seinen Speicher nutzt und welche Daten es gespeichert hat.

 ACHTUNG — **Sie sollten wissen, wann es genug ist. Das Spiel muss Spaß machen und soll das Modell nicht verwirren.**

ZEITSCHRIFTENLEKTÜRE

HINTERGRUND

Erweiterung des Sprachanwendungsvermögens. Diese Aktivität verbessert die Fähigkeit des Modells, Dinge benennen zu können.

ERFORDERLICHE HILFSMITTEL

Kindgerechte Zeitschrift. Besonders positiv reagieren Modelle auf Elternmagazine, in denen sich Fotos von Kleinkindern befinden.

ABLAUF

- Setzen Sie sich neben das Modell und schlagen Sie die Zeitschrift auf. Blättern Sie zusammen mit dem Modell die Seiten der Zeitschrift um. Betrachten Sie die Bilder in der Zeitschrift und kommentieren Sie, was auf ihnen zu sehen ist. Sagen Sie beispielsweise: „Oh, schau mal, da ist ein Bär! Siehst du ihn?" Oder fragen Sie das Modell, was seine optischen Sensoren erfassen. Fragen Sie: „Was siehst du auf diesem Bild?"

VARIANTE

Weiterentwickelte Modelle können nach bestimmten Dingen suchen. Fragen Sie nach Alltagsgegenständen wie: „Kannst du ein Bild mit einem Schuh finden?" Sie können das Modell auch mit abstrakteren Dingen herausfordern und z.B. fragen: „Kannst du ein Bild finden, auf dem jemand lächelt?"

 ACHTUNG Achten Sie unbedingt darauf, dass die Zeitschrift kindgerecht ist.

HAUSPARADE

HINTERGRUND

Verbesserung der grobmotorischen Fähigkeiten des Modells. Marschieren ist eine stimulierende, spielerische Bewegung, die dies unterstützt.

ERFORDERLICHE HILFSMITTEL

Beine, verschiedene Musikinstrumente (z. B. Bongotrommeln, Rumbarasseln, Tamburine) oder Krachmacher (z. B. Kunststoffbehälter mit Löffel, Holzspielzeuge).

ABLAUF

■ Der User verkündet, dass es Zeit für eine Parade ist. Suchen Sie Instrumente für alle Teilnehmer aus. Fordern Sie das Modell auf, sich hinter Ihnen aufzustellen, und sagen Sie ihm, dass Sie die Parade anführen werden. Marschieren Sie los. Sie können auch ein Lied singen, damit fröhliche Stimmung aufkommt und Sie sich nach einem Rhythmus bewegen können. Während der Parade sollten alle Teilnehmer ihre Instrumente benutzen.

■ Legen Sie für die Parade eventuell eine bestimmte Route fest, die im Idealfall ringförmig ist, da Sie dann immer im Kreis marschieren können.

VARIANTE

Wenn Sie aus dem Format eine Hüpfparade, Tanzparade oder eine Krabbelparade machen oder plötzlich die Richtung ändern, werden dadurch weitere motorische Funktionen aktiviert. Die Parade kann abwechselnd von User(n) oder Modell(en) angeführt werden. Tauschen Sie auch die Instrumente.

1 Eimer mit Holzlöffel
2 Rumbarasseln
3 Glocke
4 Tamburin

Ermuntern Sie alle Mitglieder des Haushaltes zur Teilnahme an der Parade.

DECKEL AUF, DECKEL ZU

HINTERGRUND

Verbesserung des Verständnisses für räumliche Zusammenhänge, etwa der Beziehung zwischen einem Behälter und seinem Deckel.

ERFORDERLICHE HILFSMITTEL

Unzerbrechliche Behälter mit Deckel in unterschiedlichen Größen und Formen wie Frischhalteboxen, Schuhkartons oder Töpfe.

ABLAUF

■ Stellen Sie verschiedene Behälter samt Deckel auf den Fußboden oder einen Tisch. Zeigen Sie dem Modell die Behälter und führen Sie ihm vor, wie die Deckel aufgesetzt und abgenommen werden. Nach ausreichender Demonstration sollte das Modell beginnen, das Vorgehen des Users zu kopieren und die Deckel auf die Behälter setzen bzw. entfernen.

VARIANTE

Verstecken Sie in mehreren Behältern Objekte wie Spielzeuge, einen kleinen Ball oder sogar einen Leckerbissen. Bei einem weiterentwickelten Modell nehmen Sie vor Beginn des Spiels alle Deckel ab und ermuntern das Kind, für den jeweiligen Behälter den passenden Deckel zu finden.

KIND IM KARTON

HINTERGRUND

Bei dieser einfachen Aktivität macht sich der User die Begeisterung des Modells für Kartons und Musik zunutze.

ERFORDERLICHE HILFSMITTEL

Sauberer, leerer Karton in ausreichender Größe für das Modell.

ABLAUF

■ Setzen Sie das Modell behutsam in den Karton. Klappen Sie den Karton locker zu. Beginnen Sie das Lied „Es klappert die Mühle" (siehe Seite 134) zu singen. Wenn Sie zu der Stelle kommen, an der Sie „klipp, klapp" singen, machen Sie den Karton auf und helfen dem Modell, Oberkörper und Arme herauszustrecken und in die Hände zu klatschen. Dann stecken Sie das Modell wieder in den Karton, klappen den Karton zu und singen weiter. Beim nächsten „klipp, klapp" helfen Sie erneut dem Modell, Oberkörper und Arme herauszustrecken und in die Hände zu klatschen.

■ Ihr Modell wurde mit einem Programm geliefert, dass es ihm erlaubt, durch Nachahmung und Wiederholung zu lernen. Bald wird es von selbst an den richtigen Stellen des Liedes die Arme aus dem Karton strecken und klatschen und sich endlos für diese Aktivität begeistern.

VARIANTE

Natürlich können Sie auch andere lautmalerische Lieder zu dieser Aktivität singen.

FENSTERGUCKER

HINTERGRUND

Erfassung und Verarbeitung von Daten aus der Außenwelt.

ERFORDERLICHE HILFSMITTEL

Zimmer mit Aussicht.

ABLAUF

■ Setzen Sie sich mit dem Modell an ein Fenster und sprechen Sie mit ihm über das, was draußen zu sehen ist. Nennen Sie Dinge beim Namen und fragen Sie das Modell, ob es Ihnen diese Dinge zeigen kann. Wenn Leute vorbeigehen, reden Sie darüber, wie sie angezogen sind oder was sie bei sich tragen. Stellen Sie Vermutungen darüber an, wo die Leute hingehen könnten.

VARIANTE

Beobachten Sie die Welt auch an anderen Orten, beispielsweise in Geschäften, aus dem Autofenster heraus oder im Park.

ACHTUNG Bringen Sie das Modell nicht an Plätze, an denen es Temperaturextremen oder anderen widrigen Bedingungen ausgesetzt sein könnte.

HINDERNISLAUF

HINTERGRUND

Erprobung der physischen Fähigkeiten des Modells durch Anlegen eines Hindernisparcours. In diesem Alter macht das Modell einen enormen Entwicklungssprung bei der Nutzung seines Fortbewegungsapparates. Die Lauffunktion ist zuverlässiger, und das Modell wird laufen, springen und sich drehen können.

ERFORDERLICHE HILFSMITTEL

Dinge, die bewegt und auf dem Fußboden platziert werden können. Die Objekte sollten weich sein und keine spitzen Ecken oder scharfe Kanten haben.

ABLAUF

■ Legen Sie im Haus oder auf einem eingefriedeten Platz im Freien mit Rasen oder einem anderen weichen Belag den Verlauf des Parcours fest. Stellen Sie in unterschiedlichen Abständen zueinander Hindernisse auf, wobei jeder Abschnitt des Parcours andere Aktivitäten und Bewegungen erforderlich machen sollte. Stapeln Sie Kissen übereinander, über die das Modell klettern muss, oder setzen Sie Styroporblöcke auf den Boden, über die das Modell springen soll. Installieren Sie eine Fußbank, von der das Modell herunterspringen kann, ein Brett, das als Schwebebalken dient, und vielleicht sogar eine Staffelei, bei der das Kind Halt machen und ein Bild malen muss.

■ *ANMERKUNG:* Jedes unvorhergesehene Ereignis wie etwa das Umfallen von Hindernissen kann in den ursprünglichen Verlauf des Parcours integriert werden.

VARIANTE

Verändern Sie jedes Mal den Verlauf des Parcours und verwenden Sie neue Hindernisse.

[Teil 3]

25-36 MONATE

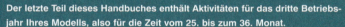

Der letzte Teil dieses Handbuches enthält Aktivitäten für das dritte Betriebsjahr Ihres Modells, also für die Zeit vom 25. bis zum 36. Monat.

Während dieses dritten Jahres wird Ihr Modell vermutlich folgende
Entwicklungsschritte durchlaufen:

- Laufen, Springen, Hüpfen und Klettern werden flüssiger, der Forscher-
  drang wird größer.
- Entwicklung der Fähigkeit zum Erzählen und Darstellen einfacher
  Geschichten.
- Raschere Erkennung von Zeichen wie Buchstaben, Zahlen und Figu-
  ren.
- Erhöhung der Speicherkapazität.

Mittlerweile sollten User und Modell sich daran gewöhnt haben, miteinander spielerisch verschiedensten Aktivitäten nachzugehen und diese
Spiele zu nutzen, um die Fähigkeiten des Modells zu verbessern. Dieses
interaktive Zusammenspiel sollte auch weiterhin fortgeführt werden.

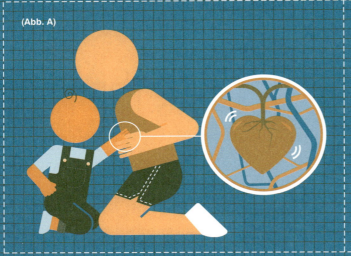

(Abb. A)

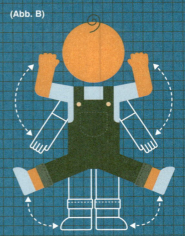

(Abb. B)

(Abb. C)

HAND AUFS HERZ

HINTERGRUND

Kennenlernen innerer Systemmerkmale. Mittlerweile wird das Modell mit den meisten seiner äußeren Bauteile vertraut sein, und es ist an der Zeit, dass es sein Innenleben besser verstehen lernt.

ERFORDERLICHE HILFSMITTEL

Keine.

ABLAUF

■ Der User legt die Hand des Modells auf das Herz des Users, damit es dessen Schlag spüren kann (Abb. A). Erklären Sie dem Modell, dass es das Herz des Users spürt und dass das Herz regelmäßig schlägt. Dabei können Sie den Herzschlag akustisch nachahmen. Sagen Sie dem Modell, dass es selbst auch ein Herz besitzt. Legen Sie seine Hand auf sein Herz. Dann sollten User und Modell sich kräftig bewegen und beispielsweise hüpfen, im Kreis rennen oder tanzen, bis sie außer Atem sind (Abb. B). Setzen Sie sich anschließend wieder hin und fordern Sie das Modell auf, seinen Herzschlag zu fühlen (Abb. C). Weisen Sie das Modell darauf hin, dass sein Herz nach der körperlichen Anstrengung rascher schlägt.

VARIANTE

Tun Sie mit einem Spielzeug-Stethoskop (in vielen Kinder-Arztkoffern) so, als würden Sie den Puls messen.

FINGERPUPPEN

HINTERGRUND

Erkennen unterschiedlicher Gefühle. In diesem Alter werden die emotionalen Sensoren Ihres Modells für Reize von außen äußerst empfindlich, und es wird sich langsam bewusst, dass auch andere Menschen Gefühle haben.

ERFORDERLICHE HILFSMITTEL

Filz, Klebstoff. Aus dem Filz Stücke schneiden, die über menschliche Finger passen. Für jede Puppe zwei Stücke gleicher Größe zusammenkleben. Den Puppen Gesichter geben, die verschiedene Gefühle ausdrücken, entweder durch Aufmalen oder durch Aufkleben kleinerer Filzstücke. Vorlagen Seite 141 f.

ABLAUF

■ Stellen Sie dem Modell spielerisch eine Puppe nach der anderen vor und erklären Sie, was die jeweilige Puppe fühlt.

■ Sie könnten die Puppen beispielsweise Folgendes sagen lassen:
„Ich bin Fred, der Drache. Ich bin glücklich, weil ich mein Lieblingsessen bekommen habe!"
„Ich bin Susi, der Fisch. Ich bin traurig, weil mein Bruder nicht mit mir spielen will!"
„Ich bin Leo, der Löwe. Ich bin wütend, weil gerade mein Lieblingsspielzeug zerbrochen ist!"

■ Erfinden Sie Spiele mit den Puppen, bei denen die Puppen untereinander und mit dem Modell in Interaktion treten. Durch Beobachten und Reagieren lernt das Modell, wie Gefühle erlebt und ausgedrückt werden.

VARIANTE

Auch jedes andere Spielzeug kann animiert werden und Gefühle ausdrücken oder auf das Verhalten des Modells eingehen und es z. B. fragen: „Was hat die Puppe wohl empfunden, als du sie gehauen hast?"

LESESTUNDE

HINTERGRUND

Verbesserung des Erkennens und Verstehens von Wörtern. Diese Wörter sind Zeichenketten, die durch Kombination verschiedener Buchstaben entstehen.

ERFORDERLICHE HILFSMITTEL

Bücher, örtliche Bücherei.

ABLAUF

■ Lesen Sie Ihrem Modell möglichst häufig vor – am besten einmal täglich oder öfter. Es besteht keinerlei Gefahr, mit dem Vorlesen „zu früh" zu beginnen, und viele User zeigen bereits Neugeborenen Bilderbücher. Im Alter von 25 Monaten beginnt Ihr Modell jedoch die Fähigkeit zu erwerben, selber zu lesen. Gehen Sie nun mit ihm in die Bücherei und lesen Sie ihm verschiedene Arten von Büchern vor, wobei Sie die kinderfreundlichen Sitzgelegenheiten nutzen sollten, die in vielen dieser Institutionen zur Verfügung stehen. Es wird empfohlen, dabei in einem lebhaften Tonfall zu sprechen und das gesamte Spektrum der Stimme zu nutzen, um die Bücher beim Vorlesen lebendig werden zu lassen. (Achten Sie jedoch darauf, dass andere Bibliotheksbenutzer nicht durch Ihre Lautstärke gestört werden.) Beantragen Sie einen Benutzerausweis für das Modell, damit es Bücher nach Hause mitnehmen kann.

VARIANTE

Bringen Sie Ihrem Modell bei, selber zu „lesen". Obwohl es vermutlich noch zu jung ist, Worte zu entziffern, kann es tun, als würde es lesen, und die Bilder anschauen. Wenn es ein Buch ansieht, das ihm bereits mehrere Male vorgelesen wurde, kennt es die Geschichte und kann sie beim Umblättern der Seiten erzählen. Nach dem Lesen sollte das Modell ermuntert werden, ein eigenes Bild zu der Geschichte zu malen.

HELFERLEIN

HINTERGRUND

Einbeziehung des Modells in den Alltag. Diese Aktivität macht Hausarbeiten für das Modell zu einem spielerischen Bestandteil des täglichen Lebens.

ERFORDERLICHE HILFSMITTEL

Ausrüstung für die gewählte Arbeit wie Geschirr, Besen oder Mopp (sofern erhältlich in Kinder-größe).

ABLAUF

■ Zeigen Sie dem Modell, wie die Arbeit ausgeführt wird. Fordern Sie das Modell zur Nachahmung auf. Fegen Sie gemeinsam mit ihm den Fußboden (diese Aufgabe macht dem Modell besonde-ren Spaß, wenn es einen Kinderbesen benutzen kann). Übertreiben Sie die Kehrbewegungen, damit sie spielerischer werden. Tanzen Sie mit dem Besen herum und kehren Sie hier und dort. Decken Sie zusammen mit dem Modell den Tisch. Bitten Sie es, (vorzugsweise unzerbrechliche) Dinge zum Tisch zu tragen und das Besteck hinzulegen. Gehen Sie mit dem Modell um den Tisch herum und zählen Sie Gabeln oder Löffel. Legen Sie mit dem Modell die Wäsche zusammen und zählen Sie dabei die Socken. Beteiligen Sie das Modell am Bettenmachen. Setzen Sie das Modell zunächst auf das Bett und werfen Sie ein Laken über seinen Kopf. Fahren Sie dann wie gewohnt fort.

VARIANTE

Das Modell kann spielerisch in jede Hausarbeit ein-bezogen werden. Dadurch entwickelt es ein Gefühl für Teamwork und Verantwortung.

ACHTUNG Halten Sie das Modell von Haushalts-reinigern und anderen gefährlichen Substanzen wie etwa Bleichmittel fern.

FAMILIENPORTRÄT

HINTERGRUND

Stärkung des Gefühls von Schutz und Geborgenheit innerhalb der Familie. Zudem kann der User durch diese Aktivität die Fähigkeit des Modells aktivieren, sich zu erinnern und Details und visuelle Eindrücke wiederzugeben.

ERFORDERLICHE HILFSMITTEL

Zeichenblock, Wachsmalkreide, Fotos von Familienmitgliedern.

ABLAUF

■ Sprechen Sie mit dem Modell über die Mitglieder seiner Familie. Sie können sich dabei auf die Eltern und Geschwister beschränken oder einen größeren Kreis einbeziehen wie Großeltern, Cousins, Cousinen usw. Erörtern Sie wichtige Merkmale der einzelnen Mitglieder wie Frisur, Haarfarbe, Körpergröße oder Lieblingskleidung. Betrachten Sie mit dem Modell Fotos der Familienmitglieder. Ermuntern Sie es, die Familienmitglieder einzeln oder in einer größeren Gruppe zu malen.

VARIANTE

Sprechen Sie mit dem Modell über seine eigenen Merkmale und ermuntern Sie es zu einem Selbstporträt.

HUTZAUBER

HINTERGRUND

Förderung der Kreativität und des Ausdrucks der eigenen Persönlichkeit mittels Verkleiden.

ERFORDERLICHE HILFSMITTEL

Verschiedene Kopfbedeckungen, die über mehrere Monate hinweg gesammelt und vorzugsweise zusammen in einem Karton aufbewahrt werden, wie etwa Baseballkappen, Filzhüte, Strickmützen, Piratenhüte, Dreispitze und so weiter.

ABLAUF

■ Zeigen Sie dem Modell die gesamte Hutkollektion. Wählen Sie gemeinsam mit ihm eine Kopfbedeckung aus und setzen Sie diese dem Modell auf den Kopf. Dann sollte sich das Modell (falls gewünscht auch der User) in die Person verwandeln, die dem Hut entspricht, und das Rollenspiel kann beginnen.

VARIANTE

Stellen Sie weitere Requisiten zur Verfügung. Beziehen Sie andere Modelle und User in das Spiel ein. Erfinden Sie Geschichten, die Sie gemeinsam aufführen.

Beim Spiel mit Hüten wird das Modell möglicherweise fantastische Situationen erfinden.

TEIGKÜNSTLER

HINTERGRUND

Übung und Kräftigung der Finger, Verbesserung feinmotorischer Bewegungen. Zudem ist diese Aktivität der künstlerischen Entwicklung förderlich.

ERFORDERLICHE HILFSMITTEL

Apfelmusteig (zur Herstellung 1 Teil Apfelmus mit 1 Teil Zimt mischen). Zum sauberen Mischen der Zutaten diese in einen verschließbaren Folienbeutel geben und verkneten. Falls gewünscht Keks-Ausstechformen.

ABLAUF

■ Schlagen Sie Ihrem Modell vor, sich an der Teigproduktion zu beteiligen. Nach Fertigstellung des Teigs ermuntern Sie das Modell, aus ihm Figuren zu formen. Das Modell kann zum Modellieren des Teigs aber auch vorgefertigte Formen verwenden wie etwa Keks-Ausstechformen. Fertige Designs können getrocknet und anschließend ausgestellt werden, etwa auf einem Tisch oder in einem Bücherregal. Oder sie werden an Schnur befestigt und als Dekoration aufgehängt. (In beiden Fällen erfüllen sie den Raum mit dem Duft von Zimt.)

VARIANTE

Helfen Sie dem Modell aus dem Teig Buchstaben oder Zahlen zu formen.

ACHTUNG

Lassen Sie das Modell Utensilien mit scharfen Kanten wie Ausstechformen nur unter Aufsicht benutzen. Zudem sollte es vom Verzehr des Teigs abgehalten werden, der zwar essbar, aber wenig schmackhaft ist.

SCHATZTRUHE VERSION 2.0

HINTERGRUND

Weiterentwicklung des Verständnisses für räumliche Zusammenhänge. Kinder haben in jedem Alter Freude daran, Kisten zu öffnen und ihren Inhalt zu entdecken. Bei dieser Aktivität gibt es nach dem Herausnehmen weitere Verwendungsmöglichkeiten für die Objekte.

ERFORDERLICHE HILFSMITTEL

Wie in Version 1.0 der Schatztruhe (Seite 41) stabiler, optisch ansprechender Behälter mit Deckel, der für das Modell mit Objekten wie kleinen Spielzeugen, Spielen oder Malutensilien gefüllt wird.

ABLAUF

■ Zeigen Sie dem Modell die Schatztruhe und ermuntern Sie es, sie zu öffnen und ein Objekt nach dem anderen herauszunehmen. Dies sollte langsam geschehen, damit bei jedem Gegenstand in der Kiste überlegt werden kann, welche Möglichkeiten er vielleicht bietet. Findet das Modell beispielsweise eine Packung Filz und Klebstoff, könnten daraus Fingerpuppen gebastelt werden (Vorlagen siehe Seite 141 f.). Malutensilien wie Farben, Stifte oder Marker erlauben weitere Aktivitäten. Zudem sollte sich in der Truhe ein kleines Buch zum gemeinsamen Lesen befinden oder ein Familienfoto, über das der User mit dem Modell sprechen kann. Legen Sie auch einige Püppchen oder kleine Autos in die Kiste oder Musikinstrumente wie eine Mundharmonika, eine Flöte oder eine kleine Trommel. Nehmen Sie sich Zeit, nacheinander auf den Instrumenten zu spielen. Zum Schluss werden alle Objekte wieder in die Kiste geräumt, damit sie bis zum nächsten Gebrauch ganz bleiben.

VARIANTE

Legen Sie beim nächsten Mal einige neue Objekte in die Kiste oder lassen Sie das Modell die Objekte mit geschlossenen Augen herausnehmen.

(Abb. A)

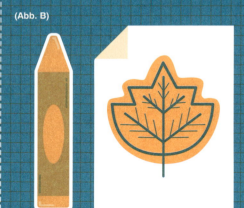

(Abb. B)

(Abb. C)

BLÄTTERSUCHE

HINTERGRUND

Entwicklung des sensorischen Wahrnehmungs-vermögens mittels Aktivitäten, die mit dem Wechsel der Jahreszeiten in Verbindung stehen.

ERFORDERLICHE HILFSMITTEL

Herbstliche Bedingungen und sich verfärbende, herabfallende Blätter; Tasche zum Sammeln.

ABLAUF

- Machen Sie mit Ihrem Modell einen Ausflug in die Natur zum Zwecke des Blättersammelns. Weisen Sie das Modell auf die sich verfärbenden Blätter an den Bäumen und ihre Farbvariationen hin, um seine optischen Sensoren zu trainieren. Ermuntern Sie das Modell, herabgefallene Blätter zu suchen und die Exemplare, die ihm am besten gefallen, in die Tasche zu stecken. Oder suchen Sie einen Haufen aus Falllaub und ermuntern Sie das Modell hineinzuspringen oder in ihm zu spielen (Abb. A). Dies aktiviert seinen Tastsinn und verbessert seine grobmotorischen Fähigkeiten.

- Spielen Sie mit den in der Tasche gesammelten Blättern zu Hause weiter. Kleben Sie die Blätter auf Papier oder benutzen Sie die Blätter als Schablonen, die Sie auf Papier mit Wachsmalkreide umfahren (Abb. B). Zudem können Sie mit den Blättern einen Weg markieren, dem das Modell folgt (Abb. C).

FIGURENSUCHE

HINTERGRUND

Verbesserung der Identifikation von Figuren und Formen. In diesem Alter unterscheidet das Modell bewusst Formen und Linien.

ERFORDERLICHE HILFSMITTEL

Papier und Wachsmalkreide oder Marker.

ABLAUF

◼ Beginnen Sie diese Aktivität damit, dass Sie Ihrem Modell eine geometrische Figur wie einen Kreis, ein Quadrat, ein Dreieck oder ein Rechteck zeigen, entweder in Form eines Gegenstandes (z. B. ein Bauklotz) oder indem Sie die Figur auf Papier zeichnen. Dadurch wird das Modell in die Lage versetzt, die Figur zu bestimmen und zu benennen. Dann helfen Sie dem Modell diese Figur selbst zu malen. Suchen Sie anschließend im Haus oder im Freien nach dieser Figur. Zählen Sie, wie häufig Sie und Ihr Modell sie entdecken.

VARIANTE

Ersetzen Sie die geometrischen Figuren durch Zahlen oder Buchstaben.

VERSTECKSPIEL

HINTERGRUND

Weiterentwicklung des Konzepts der Objekt-permanenz. In diesem Alter weiß das Modell ganz genau, wann der User noch anwesend oder in der Nähe ist, obwohl es ihn nicht sieht.

ERFORDERLICHE HILFSMITTEL

Unbewegliche Objekte wie Betten, Türen, Bäume usw.

ABLAUF

■ Ermuntern Sie das Modell: „Komm und suche mich!" Dann verstecken Sie sich so hinter einem großen Objekt in der Nähe (siehe Hilfsmittel), dass vielleicht noch ein winziger Teil Ihres Körpers sichtbar ist. Sie können dem Modell durch Rufen akustische Hinweise auf Ihren Verbleib geben (vermutlich hat das Modell den User aber beim Verstecken beobachtet und weiß, wo er ist).

■ Ermuntern Sie nun das Modell, sich selbst zu verstecken. Das Kind wird großen Spaß daran haben, wenn Sie die Suche kommentieren. Beispiel: „Wo ist denn bloß (Name des Modells)? Jetzt suche ich im Schlafzimmer, aber ich sehe sie/ihn nicht. Wo könnte (Name des Modells) nur sein?" Sollte das Modell das Spiel nicht vollständig verstanden haben, verrät es vielleicht sein Versteck („Ich verstecke mich hinter dem Duschvorhang, Mami – finde mich!"), oder es möchte das Spiel nach seiner Entdeckung fortsetzen („Tu so, als hättest du mich nicht gefunden, Mami, und such weiter!").

ACHTUNG Weder User noch Modell dürfen sich an gefährlichen Plätzen verstecken wie etwa in Schränken, in die man sich ungewollt einschließen könnte.

PARTYTIME

HINTERGRUND

Ermutigung zur Interaktion mit anderen Modellen. Die meisten Aktivitäten in diesem Handbuch wurden ausschließlich für User und Modell entwickelt. Diese Aktivität dient der Sozialisation und wird in einem späteren Alter extrem wichtig.

ERFORDERLICHE HILFSMITTEL

Kompatible Modelle gleichen Alters.

ABLAUF

Bringen Sie die Modelle in einem Spielzimmer, in dem sich Spielzeuge und Spiele befinden, zusammen. Sobald sie sich aneinander gewöhnt zu haben scheinen, beginnen Sie mit einem Grundkurs in interaktiver Programmierung. Ermuntern Sie die Modelle, sich im Kreis aufzustellen und, sich an den Händen haltend, zu Musik im Kreis herumzulaufen oder auf dem Boden sitzend zu Musik in die Hände zu klatschen. Bilden Sie aus den Modellen Paare, damit sie zu zweit altersgemäße Brettspiele oder mit anderen interaktiven Spielzeugen spielen können. Fordern Sie die Modelle auf, zu teilen und sich abzuwechseln.

ACHTUNG

Rechnen Sie bei dieser Aktivität nur mit einem begrenzten Dialog. In diesem Alter ist ein so genanntes Parallelspiel üblicher, d.h. die Modelle spielen nicht direkt miteinander, sondern Seite an Seite.

FAMILIENGESCHICHTEN

HINTERGRUND

Die Speicherkapazität Ihres Modells wird ständig größer und sein Arbeitsspeicher enthält Datensätze vergangener Ereignisse. Greifen Sie auf diese Daten zu, indem Sie auf vergangenen Ereignissen basierende Geschichten erfinden.

ERFORDERLICHE HILFSMITTEL

Fingerpuppen aus ausgeschnittenen Fotos von Mitgliedern und Freunden der Familie, die auf Eisstäbchen geklebt wurden. Die Fotos vor dem Festkleben, falls gewünscht, laminieren.

ABLAUF

■ Machen Sie das Modell mit den Fingerpuppen bekannt. Beginnen Sie eine Geschichte zu erzählen, die auf etwas basiert, was das Modell kürzlich erlebt hat, wie etwa ein Besuch im Zoo oder Supermarkt. Beziehen Sie verschiedene Puppen in verschiedene Teile der Geschichte ein. Lassen Sie das Modell die Puppen halten und beteiligen Sie es am Erzählen der Geschichte.

VARIANTE

Lassen Sie vor dem Schlafengehen den Tag Revue passieren. Oder erfinden sie völlig neue Abenteuer und Geschichten.

HÖHLENBEWOHNER

HINTERGRUND

Ihr Modell verbessert ständig seine Fähigkeit, Objekte zu identifizieren und zu benennen. Die folgende Aktivität ist eine weitere Möglichkeit, diese Fertigkeit zu verfeinern.

ERFORDERLICHE HILFSMITTEL

Geschlossener Raum, gezeichnete oder aus Zeitschriften ausgeschnittene Tierbilder, Klebstreifen.

ABLAUF

■ Verwandeln Sie einen kleinen Raum in eine Höhle. Befestigen Sie die Tierbilder mit Klebstreifen an den Wänden und verdunkeln Sie den Raum. Rüsten Sie das Modell mit einer Taschenlampe aus und gehen Sie zusammen in besagten Raum. Fordern Sie es auf, in den Suchmodus zu wechseln und mit Hilfe der Taschenlampe im Dunkeln verschiedene Tiere zu finden. Benennen Sie die Tiere eins nach dem anderen. Wenn das Modell alle Tiere gefunden hat, schalten Sie das Licht an, damit es die gesamte Schar sehen kann.

ACHTUNG **Lassen Sie das Modell niemals in einem dunklen Raum allein.**

(Abb. A)

PUSTEFIX

(Abb. B)

(Abb. C)

Peng

Die Jagd auf Seifenblasen ist eine ausgezeichnete Methode zur Verbesserung der Hand-Augen-Koordination.

SPASS MIT SEIFENBLASEN

HINTERGRUND

Entwicklung der Hand-Augen-Koordination mittels Seifenblasen. Diese Aktivität kann Modell und User endlos unterhalten. Das Modell besitzt vermutlich ein vorinstalliertes Feature, das bewirkt, diese funkelnden schwebenden Objekte zu jagen und zum Platzen zu bringen.

ERFORDERLICHE HILFSMITTEL

Flasche mit Seifenlauge, Pusteringe beliebiger Form und Größe (Abb. A).

ABLAUF

■ Suchen Sie einen geeigneten Platz (am besten im Freien), an dem Sie Seifenblasen in die Luft pusten können und Ihr Modell ihnen hinterherlaufen kann. Oder geben Sie dem Modell den Pustering und ermuntern Sie es, selbst Blasen zu machen (Abb. B) und dann möglichst viele von ihnen mit den Fingern zum Platzen zu bringen (Abb. C). Wenn dies dem Modell gelungen ist, nennen Sie ihm andere Körperteile, die es zum Platzenlassen der Blasen benutzen soll, wie Ellenbogen, Knie, Nase usw. Dadurch wird die Übung auch zu einer Lektion in Anatomie.

■ Wischen Sie das Modell nach dieser Aktivität mit einem feuchten weichen Tuch ab. Verwenden Sie zum Herstellen der Seifenlauge keine scharfen Reinigungsmittel.

VARIANTE

In den letzten Jahren sind „fangbare" Seifenblasen auf den Markt gekommen. Dieses Produkt lässt Blasen entstehen, die erst nach mehreren Minuten platzen.

WASSERBILDER

HINTERGRUND

Diese Aktivität regt die Entwicklung der Fantasie wie auch die Entwicklung motorischer Fähigkeiten an. Wenn der User geschickt ist, bringt er das Modell dabei möglicherweise auch zum Lächeln.

ERFORDERLICHE HILFSMITTEL

Eimer mit warmem Wasser (Abb. A), Pinsel (vorzugsweise breiter Wandpinsel mit großem Griff). Echte Farbe ist für diese Aktivität nicht empfehlenswert.

ABLAUF

■ Installieren Sie Modell, Eimer und Pinsel im Freien an einem möglichst verkehrsarmen Platz mit Betonbelag (nicht Teer), z. B. auf einem Bürgersteig. Tauchen Sie den Pinsel in das Wasser (Abb. B) und malen Sie mit ihm Muster auf den Beton. Wiederholen Sie dies mehrere Male, bis das Modell auch malen möchte. In diesem Alter verfügt es vermutlich bereits über die notwendige Programmierung.

■ Für raschere Resultate verwenden Sie zwei Pinsel (Abb. C). Geben Sie zu Beginn dem Modell einen der Pinsel in die Hand. Fahren Sie dann wie oben fort. Das Modell sollte nach kurzer Zeit beginnen, Ihre Bewegungen zu imitieren.

■ Durch Malen und Benennen von Zahlen oder Buchstaben kann der erzieherische Nutzen dieser Prozedur vergrößert werden. Oder malen Sie Bilder, die Ihr Modell identifizieren soll.

VARIANTE

Geben Sie Lebensmittelfarbe in das Wasser. Im Winter rüsten Sie Ihr Modell für diese Aktivität mit einer Sprühflasche aus, die mit Wasser und Lebensmittelfarbe gefüllt ist. Mit ihr kann sich das Modell im Schnee als Sprayer betätigen.

ACHTUNG

Lassen Sie das Modell nie ungeschützt für längere Zeit in der Sonne. An sonnigen Tagen müssen freiliegende Oberflächen des Modells mit kindertauglichem Sonnenschutzmittel bedeckt werden.

(Abb. A)

(Abb. B)

(Abb. C)

Abhängig von der Außentemperatur sind die Kunstwerke nach 5–15 Minuten verdampft, und das Modell kann ermuntert werden, von vorn zu beginnen.

AFFENTANZ

HINTERGRUND

Installation neuer Fertigkeiten beim Modell. In diesem Alter erwirbt Ihr Modell ständig neue physische Fähigkeiten. Folgende Aktivität fördert ihre Inbetriebnahme.

ERFORDERLICHE HILFSMITTEL

Keine Hilfsmittel erforderlich. Es können aber beliebige Requisiten verwendet werden.

ABLAUF

■ Stellen Sie sich vor das Modell und fordern Sie es spielerisch heraus, etwa indem Sie sagen: „Kannst du das auch?" oder: „Folge mir." Machen Sie eine Bewegung, die das Modell kopieren soll. Berühren Sie mit dem Finger Ihre Nase und sagen Sie: „Schau her. Kannst du das auch?" Diese Aktivität muss jedoch spielerisch bleiben. Fahren Sie fort, bis das Modell Ihre Bewegungen kopiert.

■ Wenn das Modell gelernt hat, Ihr Verhalten nachzuahmen, können Sie beliebige weitere einfache Bewegungen einführen. Hüpfen Sie auf einem Bein, laufen Sie in Schlangenlinien, springen Sie in die Luft, während Sie sich auf den Kopf klopfen, drehen Sie sich im Kreis. Diese Aktivitäten fordern die zunehmende physische Geschicklichkeit des Modells in positiver, ermutigender Weise heraus.

OBJEKTE SORTIEREN

HINTERGRUND

Ihr Modell kann nun die Eigenschaften verschiedener Objekte unterscheiden und zudem sagen, welche Objekte gleich sind und welche nicht. Folgende Aktivität verfeinert diese Fähigkeit weiter.

ERFORDERLICHE HILFSMITTEL

Jeweils mehrere Exemplare verschiedener kleiner Objekte, Muffinform oder Behälter mit sechs oder mehr Mulden bzw. Fächern.

ABLAUF

■ Legen Sie in jede Mulde der Muffinform eines der kleinen Objekte. Stellen Sie die Form vor das Modell. Geben Sie dem Modell eine Tasse oder ein anderes Gefäß mit den übrigen Objekten. Ziel ist es, dass das Modell sämtliche Objekte sortiert und in die richtigen Mulden der Muffinform legt.

VARIANTE

Legen Sie gleiche Objekte und ein andersartiges Objekt auf einen Tisch. Lassen Sie das Modell das Objekt suchen, das sich von den anderen unterscheidet.

ACHTUNG Lassen Sie auf keinen Fall zu, dass das Modell eines dieser Objekte in seinen Input-Port steckt.

REIMZEIT

HINTERGRUND

Förderung der Synapsenbildung mittels der Benutzung von Reimwörtern und Sprachmustern.

ERFORDERLICHE HILFSMITTEL

Sprachgewandtheit des Users.

ABLAUF

■ Sagen Sie ein kurzes Gedicht auf oder bilden Sie einen einfachen Reim wie etwa: „Schau her, da ist ein Bär." Dann sagen Sie: „Das ist ein Reim!", und wiederholen die sich reimenden Worte: „Her, Bär." Daraus können Sie nun ein Spiel machen und Ihr Modell ermuntern, gemeinsam andere Worte zu suchen, die sich auf „her" reimen. Spielen Sie dieses Spiel mit allen möglichen Wörtern und Reimen.

DIE GUTEN INS TÖPFCHEN

HINTERGRUND

Trainieren der Greiffunktion des Modells wie auch anderer feinmotorischer Fähigkeiten.

ERFORDERLICHE HILFSMITTEL

Eimer oder Schüssel mit ungegarten Bohnen-kernen, Reis, Erbsen, Sand oder anderen kleinen Objekten; Tisch, Handtuch oder Laken als Unter-lage; Schippen oder leere kleine Behälter zum Schaufeln.

ABLAUF

■ Setzen Sie das Modell direkt vor die Bohnen und ermuntern Sie es, mit ihnen zu spielen. Das Modell kann sich auf verschiedene Weise mit dem Material beschäftigen und es zum Beispiel auf den Fußboden oder Tisch schaufeln, verteilen oder aufhäufen, es von einem Eimer in einen ande-ren kippen (es ist hilfreich, einen zweiten großen Behälter zur Hand zu haben) oder seine Greif-werkzeuge in dem Eimer vergraben und den Inhalt umrühren. Das Modell wird beim Spiel mit der-gleichen einfachen Materialien Spaß ohne Ende haben.

VARIANTE

Ähnliche Spiele können auch an anderen Lokalitäten wie etwa an einem Sandstrand, in der Badewanne oder im verschneiten Garten gespielt werden. Zu-dem kann der Kleinkind-User für das Modell kleine Objekte oder Spielsachen zwischen den Bohnen verstecken.

ACHTUNG Lassen Sie auf keinen Fall zu, dass das Modell Bohnen oder andere Objekte in seinen Input-Port oder seine Nase steckt.

SPRINGTRAINING

HINTERGRUND

Verbesserung der Springfunktion unter kontrollierten Bedingungen. In diesem Alter kann das Modell mühelos von Stufen und Stühlen herunterspringen und wird dabei vermutlich viel Spaß haben.

ERFORDERLICHE HILFSMITTEL

Möbel und ortsfeste Objekte wie Stufen.

ABLAUF

■ Legen Sie eine Strecke fest, auf der das Modell Gelegenheit hat, seine Springkünste zu testen. Anstatt mit dem Modell einfach von Raum zu Raum oder um den Häuserblock zu gehen, ermuntern Sie es, sich hüpfend fortzubewegen. Richten Sie kleine Trainingsbereiche ein, wo das Modell beispielsweise von einer niedrigen Bank, einem Schemel oder der untersten Stufe einer Treppe springen kann. Legen Sie einen Parcours aus Kissen, Papier oder anderen flachen Objekten an und lassen Sie das Modell von einem Objekt zum anderen springen. Diese Aktivitäten sind für das Modell eine großartige Möglichkeit, grobmotorische Fähigkeiten anzuwenden und überschüssige Energie abzubauen.

VARIANTE

Regen Sie ungewöhnliche Methoden an, um von A nach B zu gelangen, wie Hüpfen, Rückwärtsgehen oder selbst die mittlerweile veraltete Krabbelfunktion.

ACHTUNG

Lassen Sie das Modell nie unbeaufsichtigt Springübungen machen. Für eventuell auftretende Schäden gibt es keine Herstellergarantie.

ZÄHLÜBUNGEN

HINTERGRUND

Verbesserung der Zählfunktion und der Mengenbestimmung bei Objekten. Finger und Zehen sind perfekte Instrumente zum Zählen. Der User kann das Zählen in andere Aktivitäten im Haus einbeziehen, etwa während er mit dem Modell von Zimmer zu Zimmer geht.

ERFORDERLICHE HILFSMITTEL

Keine.

ABLAUF

■ Der User sollte diese Aktivität mit einigen Grundübungen beginnen. Zählen Sie gemeinsam mit dem Modell bis zehn und anschließend bis zwanzig. Stellen Sie sich nun neben das Modell und sagen Sie ihm, dass Sie den Raum mit Schritten ausmessen werden. Gehen Sie mit dem Modell von einem Ende des Raumes zum anderen und zählen Sie dabei jeden Schritt laut. Auf diese Weise kann jeder Raum ausgemessen und jeder Weg zu einer Übung im Zählen werden.

VARIANTE

Zählen Sie Objekte, die mehrfach im Haus vorkommen, wie Fenster, Türen, Stühle usw.

WARUM IST DIE BANANE KRUMM?

HINTERGRUND

Während das Befehlszentrum Ihres Modells immer mehr Informationen speichert, benötigt das Kleinkind gleichzeitig detailliertere Kenntnisse über die Dinge in seiner Umgebung. Diese Notwendigkeit manifestiert sich in dem extrem häufigen Gebrauch des Wortes „Warum?".

ERFORDERLICHE HILFSMITTEL

Geduld seitens des Users.

ABLAUF

■ Zeigen Sie dem Modell, dass Sie seinen Fragen genau zuhören. Geben Sie Fragen jedoch an das Modell zurück, um es zu einer selbständigen Verarbeitung zu motivieren.

■ Fragt das Modell „Warum?", antworten Sie mit der Gegenfrage: „Was glaubst du?" Nach wiederholter Anwendung dieser Technik wird das Modell begreifen, dass es die Antwort nicht einfach auf dem Silbertablett serviert bekommt.

■ Der Gegenfrage sollte der User einige detailliertere Fragen folgen lassen, um mit dem Modell gemeinsam die richtige Antwort zu finden. Beispiel: „Glaubst du, es liegt daran, dass (hier eine mögliche Antwort einsetzen)?" oder: „Liegt es vielleicht an X oder Y?"

■ Diese Reaktion auf das ständige „Warum?" lässt die Programmschleife des Modells zu einer Art Spiel werden und zu einer Möglichkeit, wie sich User und Modell gemeinsam Wissen aneignen.

VARIANTE

In Zweifelsfällen kann der User gelegentlich auch das alte „Weil ich es sage" anwenden.

KOSTÜMPROBE

HINTERGRUND

Das Gehäuse des Modells muss vor klimatischen Schwankungen geschützt werden. Was bedeutet, dass der User ihm geeignete Kleidung anziehen muss. Da das Modell letztlich aber unabhängig funktionieren soll, muss es auch trainiert werden, sich selbst anzuziehen.

ERFORDERLICHE HILFSMITTEL

Wettertaugliche Kleidung der passenden Größe.

ABLAUF

■ Bereiten Sie das Modell auf die selbständige Ausführung dieser Aktivität vor, indem Sie beim Anziehen Teileelemente des Vorgangs beschreiben wie etwa: „Jetzt ziehe ich dir deine Hose an. Zuerst stecken wir ein Bein hinein und dann das andere."

■ Dann ermuntern Sie das Modell, sich selbst anzuziehen. Legen Sie die Kleidungsstücke ausgebreitet auf den Fußboden und setzen Sie das Modell davor. Fordern Sie es auf eine der folgenden Weisen auf, die Prozedur auszuführen.

1. Sagen Sie fröhlich: „Weißt du was, heute darfst du dich selbst anziehen."
2. Fordern Sie das Modell – positiv oder negativ – heraus: „Kannst du dich ganz allein anziehen?" oder: „Ich wette, du kannst dich nicht allein anziehen."
3. Machen Sie ein Spiel daraus: „Wie schnell kannst du dein Hemd anziehen? Ich werde bis … zählen." Diese Methode ist besonders effektiv, wenn das Modell dabei mit einem älteren Geschwisterchen in Konkurrenz tritt.
4. Als Aufgabe: „Hier sind deine Kleider. Ich möchte, dass du dich selbst anziehst! Versuche es, ich komme gleich wieder."

■ Am Anfang wird das Modell bei dieser Aktivität Hilfe brauchen, schließlich wird es aber in der Lage sein, selbständig für eine vollständige Abdeckung zu sorgen. Dieser Erfolg sollte gefeiert werden.

WAS STECKT IN DER TÜTE?

HINTERGRUND

Weiterentwicklung der Objekterkennung. Diese Aktivität fordert vor allem den Tastsinn.

ERFORDERLICHE HILFSMITTEL

Auswahl kleiner bis mittelgroßer Objekte mit vorstehenden Teilen und identifizierbaren Formen. Es wird empfohlen, häufig benutzte Spielzeuge zu verwenden. Mittelgroße, undurchsichtige Tüte, vorzugsweise mit einem Zugband.

ABLAUF

Stecken Sie eine kleine Auswahl von Gegenständen in die Tüte (oder einen Gegenstand nach dem anderen). Fordern Sie das Modell auf, mit der Hand in die Tüte zu greifen, eines der Objekte in die Hand zu nehmen und dieses abzutasten. Das Modell muss nun versuchen, den Gegenstand aufgrund dessen, was es fühlt, zu identifizieren. Nötigenfalls kann der User verbale Hinweise geben, um dem Modell beim Raten zu helfen.

VARIANTE

Diese Aktivität kann auch ausgeführt werden, indem man dem Modell die Augen verbindet und ein Objekt vor ihm auf den Tisch legt. In diesem Fall kann das Modell beide Hände zum Tasten benutzen.

ACHTUNG Verzichten Sie auf Objekte mit spitzen Teilen oder scharfen Kanten.

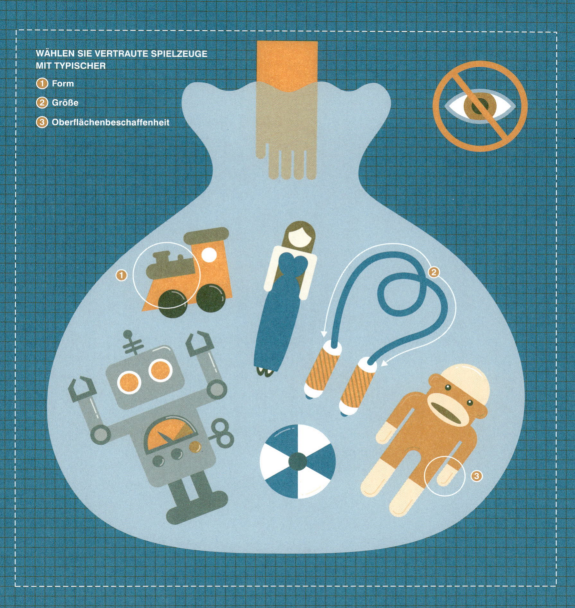

WÄHLEN SIE VERTRAUTE SPIELZEUGE
MIT TYPISCHER

① Form

② Größe

③ Oberflächenbeschaffenheit

APPENDIX

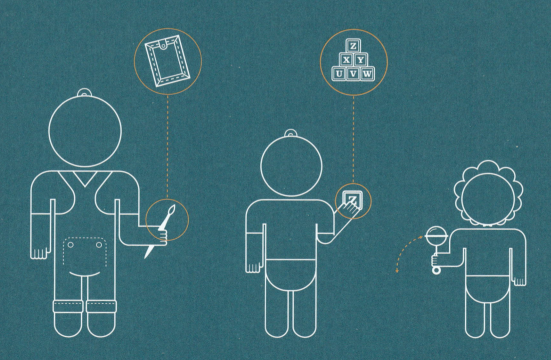

Nützliche Materialien

Aufgrund seiner Bauweise ist Ihr Modell mit zahlreichen Zusatzgeräten und Zubehörteilen kompatibel. Für die Aktivitäten in diesem Handbuch ist es nützlich, folgende Dinge im Haus zu haben:

- Mobile mit baumelnden schwarz-weißen grafischen Mustern

- Einzelne Spielzeuge mit schwarz-weißen grafischen Mustern

- Musikabspielgerät – CD-Player, Radio usw. – sowie Tonträger wie CDs oder Kassetten

- Weiche Matte, Handtuch oder Decke zum Installieren des Modells auf dem Fußboden

- Kleine kindersichere Spielzeuge wie Rasseln oder Plüschtiere

- Spiegel verschiedener Größen: großer Wandspiegel wie auch kleinere Handspiegel. Hilfreich sind zudem Spiegel aus Kunststoff oder anderem unzerbrechlichem Material für das Bettchen oder den Spielbereich des Modells

- Weiche saubere Feder, vorzugsweise aus keimfreiem synthetischem Material

- Bunte Bänder oder Stoffstreifen

- Durchsichtiger Schal

- Bälle unterschiedlicher Größe und Schwere

- Töpfe und andere Küchenutensilien mit Deckeln

- Leere Kunststoffbehälter, mit und ohne Deckel

- Leerer, sauberer Pappkarton, größer als das Modell

- Saubere leere Getränkekartons von Orangensaft, Milch usw.

- Maisstärke
- Lebensmittelfarbe
- Apfelmus und Zimt
- Große Papierblätter oder Zeichenblock und dicke Wachsmalkreide und Marker
- Bastelpapier
- Klebstreifen
- In Wasser untergehendes Spielzeug
- Klötze und Tafeln mit Buchstaben
- Rasierschaum
- Trillerpfeifen
- Kindersonnenbrillen
- Spielzeugtelefon oder ausrangiertes echtes Telefon
- Bücher und Zeitschriften
- Verschiedene Musikinstrumente für Kinder und/oder Erwachsene
- Filz und Klebstoff
- Sortiment an Kopfbedeckungen
- Eisstäbchen
- Flasche mit Seifenlauge und Pusteringe verschiedener Form und Größe
- Pinsel (vorzugsweise breiter Wandpinsel mit großem Griff)

- Muffinform oder anderer Behälter mit sechs oder mehr Mulden bzw. Fächern

- Auswahl kleiner Objekte, von jedem Objekt jeweils mehrere Exemplare

- Eimer oder Schüssel

- Ungegarte Bohnenkerne, Reis oder Erbsen

- Sand

- Mittelgroße undurchsichtige Tüte, vorzugsweise mit Zugband

Während der Durchführung der Spiele aus diesem Handbuch werden Ihnen vermutlich weitere Aktivitäten einfallen. Improvisieren Sie dabei nach Belieben. Sie werden feststellen, dass die Entwicklung von Programmen für Ihr Modell weder kompliziert ist noch besondere Fortbildung erfordert. Für zukünftige Aktivitäten sollte der User folgende Dinge bereit halten:

- Weitere Mal- und Bastelutensilien wie Farbe, Kinderschere und Sticker

- Sachen zum Verkleiden wie alte Kleider, Schuhe, Schmuck, Schals, Handtaschen usw.

- Nahrungsmittel wie Mehl und Salz sowie Flüssigstärke zum Spielen und zur Herstellung von Werkstoffen

- Kleine Haushaltsreinigungsgeräte wie Besen oder Nachbildungen von Geräten wie Spielzeugstaubsauger oder Spielzeugrasenmäher

- Bücher, einschließlich Bücher mit Kindergeschichten, Kinderliedern und Kinderreimen

- Übliche Haushaltsgegenstände wie leere Küchenpapierrollen, große Kartons und Schachteln

- Auswahl an Spielzeugen mit entfernbaren Teilen (die Teile dürfen aber nicht so klein sein, dass sie verschluckt werden können)

LIEDER UND REIME

BEI MEHREREN AKTIVITÄTEN IN DIESEM HANDBUCH WIRD DEM LESER EMPFOHLEN, DIESE MIT LIEDERN ZU BEGLEITEN. NACHFOLGEND FINDEN SIE DIE TEXTE EINIGER BELIEBTER KINDERLIEDER UND ABZÄHLREIME.

MELODIE RHYTHMUS LAUTSTÄRKE

ES TANZT EIN BI-BA-BUTZEMANN

ES TANZT EIN BI-BA-BUTZEMANN IN UNSERM HAUS HERUM, FIDIBUM.

ES TANZT EIN BI-BA-BUTZEMANN IN UNSERM HAUS HERUM.

ER RÜTTELT SICH, ER SCHÜTTELT SICH, ER WIRFT SEIN SÄCKLEIN HINTER SICH.

ES TANZT EIN BI-BA-BUTZEMANN IN UNSERM HAUS HERUM.

ES TANZT EIN BI-BA-BUTZEMANN IN UNSERM HAUS HERUM, FIDIBUM.

ES TANZT EIN BI-BA-BUTZEMANN IN UNSERM HAUS HERUM.

ER SPRINGT UND WIRBELT DURCH DAS HAUS UND LACHT DABEI DIE KINDER AUS.

ES TANZT EIN BI-BA-BUTZEMANN IN UNSERM HAUS HERUM.

ES TANZT EIN BI-BA-BUTZEMANN IN UNSERM HAUS HERUM, FIDIBUM.

ES TANZT EIN BI-BA-BUTZEMANN IN UNSERM HAUS HERUM.

BALD IST ER HIER, BALD IST ER DORT, UND PLÖTZLICH IST ER WIEDER FORT.

ES TANZT EIN BI-BA-BUTZEMANN IN UNSERM HAUS HERUM.

HÄSCHEN IN DER GRUBE

HÄSCHEN IN DER GRUBE SASS UND SCHLIEF. SASS UND SCHLIEF.

ARMES HÄSCHEN, BIST DU KRANK,

DASS DU NICHT MEHR HÜPFEN KANNST?

HÄSCHEN HÜPF, HÄSCHEN HÜPF, HÄSCHEN HÜPF.

RI-RA-RUTSCH

RI-RA-RUTSCH, WIR FAHREN MIT DER KUTSCH.

WIR FAHREN ÜBER STOCK UND STEIN.

DA BRICHT DAS PFERDCHEN SICH EIN BEIN.

RI-RA-RUTSCH, ES IST NICHTS MIT DER KUTSCH.

RI-RA-RITTN, WIR FAHREN MIT DEM SCHLITTN.

WIR FAHREN ÜBERN TIEFEN SEE,

DA BRICHT DER SCHLITTEN EIN, OH WEH.

RI-RA-RITTN, WIR FAHREN MIT DEM SCHLITTN!

RI-RA-RUSS, JETZT GEHEN WIR FEIN ZU FUSS.

DA BRICHT DANN AUCH KEIN PFERDEBEIN,

DA BRICHT UNS AUCH KEIN SCHLITTEN EIN.

RI-RA-RUSS, JETZT GEHEN WIR FEIN ZU FUSS.

RI-RA-RUTSCH, WIR FAHREN MIT DER KUTSCH.

WIR FAHREN MIT DER SCHNECKENPOST,

WO ES KEINEN PFENNIG KOST.

RI-RA-RUTSCH, WIR FAHREN MIT DER KUTSCH.

SUMM, SUMM, SUMM

SUMM, SUMM, SUMM! BIENCHEN SUMM HERUM!

EI, WIR TUN DIR NICHTS ZU LEIDE,

FLIEG NUR AUS IN WALD UND HEIDE!

SUMM, SUMM, SUMM! BIENCHEN SUMM HERUM!

SUMM, SUMM, SUMM! BIENCHEN SUMM HERUM!

SUCH IN BLUMEN, SUCH IN BLÜMCHEN

DIR EIN TRÖPFCHEN, DIR EIN KRÜMCHEN!

SUMM, SUMM, SUMM! BIENCHEN SUMM HERUM!

ALLE MEINE ENTCHEN

ALLE MEINE ENTCHEN,

SCHWIMMEN AUF DEN SEE,

SCHWIMMEN AUF DEN SEE,

KÖPFCHEN IN DAS WASSER,

SCHWÄNZCHEN IN DIE HÖH'.

PFERDCHEN, LAUF GALOPP

HOPP, HOPP, HOPP! PFERDCHEN LAUF GALOPP!

ÜBER STOCK UND ÜBER STEINE, ABER BRICH DIR NICHT DIE BEINE.

HOPP, HOPP, HOPP, PFERDCHEN LAUF GALOPP.

BRR, BRR, BRR, STEH DOCH PFERDCHEN STEH.

DARFST GLEICH WIEDER WEITERSPRINGEN, MUSS DIR NUR DAS FUTTER BRINGEN.

BRR, BRR, BRR, STEH DOCH PFERDCHEN STEH.

TRIPP, TRIPP, TRAPP, WIRF MICH JA NICHT AB.

ZÄHME DEINE WILDEN TRIEBE, PFERDCHEN TU ES MIR ZULIEBE.

TRIPP, TRIPP, TRAPP, WIRF MICH JA NICHT AB.

HA, HA, HA, HEI NUN SIND WIR DA.

DIENER, DIENER, LIEBE MUTTER, BRING DEM PFERDCHEN AUCH MAL ZUCKER.

HA, HA, HA, HEI NUN SIND WIR DA.

AUF DER MAUER, AUF DER LAUER

AUF DER MAUER, AUF DER LAUER SITZT 'NE KLEINE WANZE.   (2 X)

SEHT EUCH MAL DIE WANZE AN, WIE DIE WANZE TANZEN KANN.

AUF DER MAUER, AUF DER LAUER SITZT 'NE KLEINE WANZE.

AUF DER MAUER, AUF DER LAUER SITZT 'NE KLEINE WANZ.   (2 X)

SEHT EUCH MAL DIE WANZ AN, WIE DIE WANZ TANZ KANN,

AUF DER MAUER, AUF DER LAUER SITZT 'NE KLEINE WANZ.

AUF DER MAUER, AUF DER LAUER SITZT 'NE KLEINE WAN.   (2 X)

SEHT EUCH MAL DIE WAN AN, WIE DIE WAN TAN KANN,

AUF DER MAUER, AUF DER LAUER SITZT 'NE KLEINE WAN.

USW.

VOGELHOCHZEIT

DIE VÖGEL WOLLTEN HOCHZEIT MACHEN IN DEM GRÜNEN WALDE.

REFRAIN: FIDIRALLALA, FIDIRALLALA, FIDIRALLALALA.

DIE AMSEL WAR DER BRÄUTIGAM, DIE DROSSEL WAR DIE BRAUTE.

DER SPERBER, DER SPERBER, DER WAR DER HOCHZEITSWERBER.

DER STARE, DER STARE, DER FLOCHT DER BRAUT DIE HAARE.

DER UHU, DER UHU, DER BRACHT DER BRAUT DIE HOCHZEITSSCHUH'.

DER SEIDENSCHWANZ, DER SEIDENSCHWANZ, DER BRACHT DER BRAUT DEN HOCHZEITSKRANZ.

DER SPERLING, DER SPERLING, DER BRACHT DER BRAUT DEN TRAURING.

DIE TAUBE, DIE TAUBE, DIE BRINGT DER BRAUT DIE HAUBE.

DIE LERCHE, DIE LERCHE, DIE FÜHRT' DIE BRAUT ZUR KERCHE.

BRAUTMUTTER WAR DIE EULE, NAHM ABSCHIED MIT GEHEULE.

DER AUERHAHN, DER AUERHAHN, DER WAR DER WÜRD'GE HERR KAPLAN.

DIE PUTEN, DIE PUTEN, DIE MACHEN BREITE SCHNUTEN.

DIE GÄNSE UND DIE ANTEN, DIE WAR'N DIE MUSIKANTEN.

DER PFAU MIT SEINEM BUNTEN SCHWANZ MACHT MIT DER BRAUT DEN ERSTEN TANZ.

DIE SCHNEPFE, DIE SCHNEPFE, SETZT' AUF DEN TISCH DIE NÄPFE.

DIE FINKEN, DIE FINKEN, DIE GAB'N DER BRAUT ZU TRINKEN.

DER LANGE SPECHT, DER LANGE SPECHT, DER MACHT' DER BRAUT DAS BETT ZURECHT.

DAS DROSSELEIN, DAS DROSSELEIN, DAS FÜHRT' DIE BRAUT INS KÄMMERLEIN.

DER UHU, DER UHU, DER MACHT' DIE FENSTERLÄDEN ZU.

DER HAHN, DER KRÄHTE: „GUTE NACHT", DANN WURD' DIE KAMMER ZUGEMACHT.

DANN WAR DIE VOGELHOCHZEIT AUS UND ALLE VÖGEL FLOG'N NACH HAUS'.

GRÜN SIND ALLE MEINE KLEIDER

GRÜN, GRÜN, GRÜN SIND ALLE MEINE KLEIDER.

GRÜN, GRÜN, GRÜN IST ALLES, WAS ICH HAB.

DARUM LIEB ICH ALLES, WAS SO GRÜN IST:

WEIL MEIN SCHATZ EIN JÄGER, JÄGER IST.

DARUM LIEB ICH ALLES, WAS SO GRÜN IST:

WEIL MEIN SCHATZ EIN JÄGER, JÄGER IST.

WEISS – BÄCKER

SCHWARZ – SCHORNSTEINFEGER

GELB – POSTMANN

BUNT – MALER

USW.

DREI CHINESEN MIT DEM KONTRABASS

DREI CHINESEN MIT DEM KONTRABASS

SASSEN AUF DER STRASSE UND ERZÄHLTEN SICH WAS.

DA KAM DIE POLIZEI UND FRAGT: WAS IST DENN DAS?

DREI CHINESEN MIT DEM KONTRABASS.

DRA CHANASA MAT DAN KANTRABASS . . .

DRE CHENESE MET DEM KENTREBESS . . .

DRI CHINISI MIT DIM KINTRIBISS . . .

USW.

BACKE, BACKE KUCHEN

BACKE, BACKE KUCHEN,

DER BÄCKER HAT GERUFEN.

WER WILL GUTEN KUCHEN BACKEN,

DER MUSS HABEN SIEBEN SACHEN:

EIER UND SCHMALZ,

BUTTER UND SALZ,

MILCH UND MEHL,

SAFRAN MACHT DEN KUCHEN GEHL.

SCHIEB, SCHIEB IN'N OFEN REIN.

DER KUCKUCK UND DER ESEL

DER KUCKUCK UND DER ESEL, DIE HATTEN EINEN STREIT,

WER WOHL AM BESTEN SÄNGE, WER WOHL AM BESTEN SÄNGE,

ZUR SCHÖNEN MAIENZEIT, ZUR SCHÖNEN MAIENZEIT.

DER KUCKUCK SPRACH: „DAS KANN ICH", UND FING GLEICH AN ZU SCHREIN.

„ICH ABER KANN ES BESSER, ICH ABER KANN ES BESSER",

FIEL GLEICH DER ESEL EIN, FIEL GLEICH DER ESEL EIN.

DAS KLANG SO SCHÖN UND LIEBLICH, DAS KLANG VON FERN UND NAH,

SIE SANGEN ALLE BEIDE, SIE SANGEN ALLE BEIDE,

KUCKUCK, KUCKUCK! I-A!

KUCKUCK, KUCKUCK! I-A!

ES KLAPPERT DIE MÜHLE

ES KLAPPERT DIE MÜHLE AM RAUSCHENDEN BACH, KLIPP, KLAPP!

BEI TAG UND BEI NACHT IST DER MÜLLER STETS WACH, KLIPP, KLAPP!

ER MAHLET DAS KORN ZU DEM KRÄFTIGEN BROT,

UND WENN WIR ES HABEN, SO HAT'S KEINE NOT.

KLIPP, KLAPP! KLIPP, KLAPP! KLIPP, KLAPP!

FLINK LAUFEN DIE RÄDER UND DREHEN DEN STEIN, KLIPP, KLAPP!

SIE MAHLEN DEN WEIZEN ZU MEHL UND SO FEIN, KLIPP, KLAPP!

DER BÄCKER DANN ZWIEBACK UND KUCHEN DRAUS BÄCKT,

DER IMMER DEN KINDERN BESONDERS GUT SCHMECKT.

KLIPP, KLAPP! KLIPP, KLAPP! KLIPP, KLAPP!

EIN MÄNNLEIN STEHT IM WALDE

EIN MÄNNLEIN STEHT IM WALDE GANZ STILL UND STUMM.

ES HAT VON LAUTER PURPUR EIN MÄNTLEIN UM.

SAGT, WER MAG DAS MÄNNLEIN SEIN,

DAS DA STEHT IM WALD ALLEIN

MIT DEM PURPURROTEN MÄNTELEIN?

DAS MÄNNLEIN STEHT IM WALDE AUF EINEM BEIN

UND HAT AUF SEINEM HAUPTE SCHWARZ KÄPPLEIN KLEIN.

SAGT, WER MAG DAS MÄNNLEIN SEIN,

DAS DA STEHT IM WALD ALLEIN

MIT DEM KLEINEN SCHWARZEN KÄPPELEIN?

FINGERSPIELE

ZEHN KLEINE ZAPPELMÄNNER ZAPPELN HIN UND HER.

ZEHN KLEINEN ZAPPELMÄNNERN FÄLLT DAS GAR NICHT SCHWER.

ZEHN KLEINE ZAPPELMÄNNER ZAPPELN AUF UND NIEDER.

ZEHN KLEINE ZAPPELMÄNNER TUN DAS IMMER WIEDER.

ZEHN KLEINE ZAPPELMÄNNER ZAPPELN RINGSHERUM.

ZEHN KLEINE ZAPPELMÄNNER FALLEN PLÖTZLICH UM.

ZEHN KLEINE ZAPPELMÄNNER KRIECHEN INS VERSTECK.

ZEHN KLEINE ZAPPELMÄNNER SIND AUF EINMAL WEG.

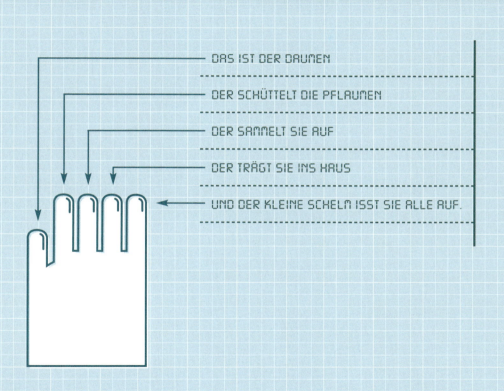

DAS IST DER DAUMEN

DER SCHÜTTELT DIE PFLAUMEN

DER SAMMELT SIE AUF

DER TRÄGT SIE INS HAUS

UND DER KLEINE SCHELM ISST SIE ALLE AUF.

FÜNF FINGER STEHEN HIER UND FRAGEN:

„WER KANN DIESEN APFEL TRAGEN?"

DER ERSTE FINGER KANN ES NICHT.

DER ZWEITE SAGT: „ZU VIEL GEWICHT!"

DER DRITTE KANN IHN AUCH NICHT HEBEN.

DER VIERTE SCHAFFT DAS NIE IM LEBEN.

DER FÜNFTE ABER SPRICHT: „GANZ ALLEIN, SO GEHT DAS NICHT!"

GEMEINSAM HEBEN KURZ DARAUF

FÜNF FINGER DIESEN APFEL AUF.

DAS IST DER DICKE ONKEL KLAUS,

UND DER SCHAUT AUS DEM FENSTER RAUS.

DER HIER WOHNT GLEICH NEBENAN,

SIEH MAL, WIE DER WACKELN KANN.

UND DAS HIER IST DER KLEINE HANS,

LÄDT UNS ALLE EIN ZUM TANZ.

PUPPENGESICHTER

AUF DEN FOLGENDEN SEITEN FINDEN SIE GESICHTER, DIE FÜR DIE AUF SEITE 84 BENÖTIGTEN FINGER-
PUPPEN BENUTZT WERDEN KÖNNEN. DER USER KANN DIE GESICHTER AUCH FOTOKOPIEREN UND DANN
JEDEM GESICHT EINEN ANDEREN GESICHTSAUSDRUCK AUFMALEN.

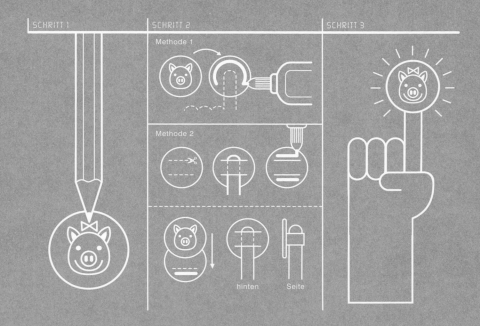

SCHRITT 1

SCHRITT 2

Methode 1

Methode 2

SCHRITT 3

hinten   Seite

Die Autoren:

LYNN ROSEN ist zugleich Autorin von *The Housewife Handbook*, einem vergnüglichen Führer durch das Leben als Hausfrau, und *Table Matters*, einem Buch über das Tischdecken und die Geschichte unserer Esssitten. Sie lebt mit ihrem Mann und ihren beiden kleinen Söhnen in einer Vorstadt von Philadelphia. Ihr sechsjähriger Sohn glaubt, dass sie an ihrem nächsten Geburtstag vierundzwanzig wird, aber das ist nicht richtig.

JOE BORGENICHT ist Autor, Fernsehproduzent und zur Zeit Kleinkind-Besitzer. Zudem ist er Coautor von *Das Baby, Das Action-Hero-Handbuch, The Action Heroine's Handbook, Undercover Golf* und *The Reality TV Handbook*.

Die Illustratoren:

PAUL KEPPLE und **JUDE BUFFUM** sind besser bekannt als Studio **HEADCASE DESIGN**, das in Philadelphia angesiedelt ist. Über ihre Arbeit wurde in zahlreichen Designpublikationen berichtet wie z. B. in *American Illustration*, *Communication Arts* und *Print*. Vor der Eröffnung von Headcase Design 1998 arbeitete Paul mehrere Jahre für Running Press Book Publishers. Beide machten ihren Abschluss an der Tyler School of Art, wo sie heute auch unterrichten. Bei zahlreichen Illustrationen in diesem Buch erhielten sie Unterstützung von ihrer Mitarbeiterin **JESSICA HISCHE**.